商务英语专业跨境电商方向课程体系建构

吕枚芹　王颖　邓欣荣／著

吉林出版集团股份有限公司
全国百佳图书出版单位

图书在版编目（CIP）数据

商务英语专业跨境电商方向课程体系建构 / 吕枚芹，王颖，邓欣荣著. -- 长春：吉林出版集团股份有限公司，2021.4
ISBN 978-7-5731-0003-0

Ⅰ. ①商… Ⅱ. ①吕… ②王… ③邓… Ⅲ. ①电子商务—英语 Ⅳ. ①F713.36

中国版本图书馆CIP数据核字(2021)第149547号

SHANGWU YINGYU ZHUANYE KUAJING DIANSHANG FANGXIANG KECHENG TIXI JIANGOU
商务英语专业跨境电商方向课程体系建构

著　　者	吕枚芹　王　颖　邓欣荣	责任编辑	刘晓敏
出版策划	孙　昶	封面设计	雅硕图文

出　　版	吉林出版集团股份有限公司 （长春市福祉大路5788号，邮政编码：130118）
发　　行	吉林出版集团译文图书经营有限公司 （http：//shop34896900.taobao.com）
电　　话	总编办 0431-81629909　营销部 0431-81629880/81629881

印　　刷	长春市华远印务有限公司	开　　本	787mm × 1092mm　1/16
印　　张	9.25	字　　数	150千
版　　次	2022年6月第1版	印　　次	2022年6月第1次印刷
书　　号	ISBN 978-7-5731-0003-0	定　　价	68.00元

印装错误请与承印厂联系

目　录

第1章 导 论

1.1 研究背景

商务英语在中国的发展有其深层次的社会背景和时代趋势。一是它源于国外的ESP和中国的外贸英语。二是顺应了经济社会发展对“外语十专业”复合型人才的现实需要以及高校外语教学改革与创新的发展趋势。

20世纪50年代，语言学伴随经济和社会的发展也开始悄然发生变化，即高校和学界开始把注意力和焦点从描述、界定语言用法的规范法则转向研究和探讨语言在各种语言环境中的实际应用。于是西方兴起专门用途英语（ESP）和科技英语，与此同时中国高校开设外贸英语课程。商务英语作为专门用途英语的一个分支（Hutchinson etc.，1987），就是伴随着经济全球化和贸易国际化步伐而诞生的一门特殊的应用语言学学科。

在英国等西方国家，商务英语多是一种提升职业经理人英语应用能力的培训课程，而并非一个学科或专业。Mark Ellis and Christine Johnson（2001）将商务英语学习者分为有职场经验的（job experienced learners）和没有职场经验（pre-experience learners）的学习者两种。这两种商务英语学习者也指培训目的不同的受训者。然而在中国，经过多年的发展，商务英语却逐步发展成为一门包括语言和商务两个领域，理论基础涉及语言学、跨文化交际学、经济学、管理学、教育学等多个学科的交叉性学科，或以语言学和应用语言学为学科基础，注重吸收其他学科的理论与实践研究方法的综合性交叉科学。

经济全球化的飞速发展进一步提升了社会对国际化商务人才的需要，

加上商务英语专业毕业生“外语十专业”的复合型优势，商务英语在中国的发展近年步人了“快车道”。该专业一直是全国最热门专业之一，深受考生和家长的追捧，2007年被教育部正式批准成为一个新的独立专业，从而进入了一个高速发展阶段。2012年商务英语成为目录内基本专业，专业代码050262；截至2015年，全国已有300所高校开设本专业。商务英语专业已经覆盖了大专、本科、硕士和博士所有类型和层次的办学。虽然商务英语学科和专业发展已经日趋完备，但目前中国尚没有建立起完善的课程体系。一方面，全国尚缺乏一套比较规范的商务英语专业课程体系设置指南；另一方面，商务英语专业大专、本科和研究生各个层次办学的课程体系设置比较混乱，可以说是“千差万别”，例如，有些商务英语本科专业在英语语言类课程的基础上，仅开设了诸如国际贸易实务、国际结算、商务概论等极少数商务类课程，而有些却在细分方向上开设了非常系统的商务类课程。

据了解，由教育部组织编制的《高等学校商务英语专业本科教学质量国家标准》将于2016年底正式发布。它将是商务英语本科专业准入、建设和评价的依据，各高等学校应根据本标准、相关行业标准和人才需求，制订本校商务英语专业培养方案。本标准适用于各类高等学校的商务英语本科专业。学制4年，授予文学学士学位。

然而，这一国家标准只适合各类商务英语专业本科专业，并不适用于商务英语高职高专、硕士研究生和博士研究生各类专业。同时，各类别或各个层次的商务英语课程体系设计的基本思路和基本原则，还需要基于理论和实证研究进一步深化和提炼。因此，本研究成果的适时推出，将为全国高校各个类别或各个层次的商务英语专业课程体系设计和构建提供指导、借鉴和参考。

1.2 研究目的

本研究的主要目的是论证并提出一套涵盖各个类别或层次商务英语专业课程体系设计的基本原则或标准，服务于推进全国高校商务英语教学改革，提升商务英语办学质量和水平。

本研究的具体目的包括：一是以点面结合的方式，全方位地为商务英语学界人士介绍商务英语课程体系研究的基本面貌；二是创新性地提出一个崭新的商务英语理论体系，填补相关理论研究的空白；三是构建一个更加系统和科学的商务英语课程体系理论分析框架和课程设置思路，用于指导各个层次商务英语专业课程体系的实证研究；四是深入开展商务英语课程体系设置实证研究，论证和提炼出高职高专、本科、硕士研究生和博士研究生各个层次课程体系设置的参考因素、遵循原则和参考标准，从而服务于全国高校商务英语教学改革和质量提升工程。

1.3 研究方法

本研究运用归纳分析法，对国内关于商务英语课程体系研究文献进行分类整理，归纳概括出课程体系沿革与现状、课程体系理念、课程体系设置原则、课程设置内容、课程体系设计（设想）、课程评价等六个方面的基本观点和研究成果；拟采用理论演绎法，归纳并提炼一个新的商务英语理论框架；采用问卷调查实证研究法、定性和定量研究分析法，论述和概括适合各个层次商务英语专业课程体系设置的基本思路和基本原则。同时，本研究还采用对比研究法，对全国不同地区院校商务英语专业课程体系设置结构和原则进行横向对比分析；针对不同层次办学课程体系没置实践，根据培养目标和特色需要进行区别化研究。并运用综合分析法，对国外商务英语培训课程体系进行研究，总结出国外商务英语培训课程体系的特点，提出了对于国内商务英语课程体系建设的启示与意见。

1.4 研究结构

本研究的路径大致沿着研究背景、文献研究、理论基础、实证分析、结果论证和设计思路（原则）的技术路线（步骤）进行。以理论指导实践研究，又以实证分析论证理论思路；综合运用教学理论的基本研究方法，采用系统分析研究、规范分析研究和实证分析研究相结合的方法。在总结目标定位、课程结构、课程内容、知识体系、评价标准、办学层次、教学方法以及师资素质等课程体系要素特点的基础上，设计出商务英语课程体系分析框架和课程设置模型，提出建设商务英语课程体系的原则（标准），形成既有规范性又有灵活性的课程体系，从而达成构建商务英语课程体系的基本思路。

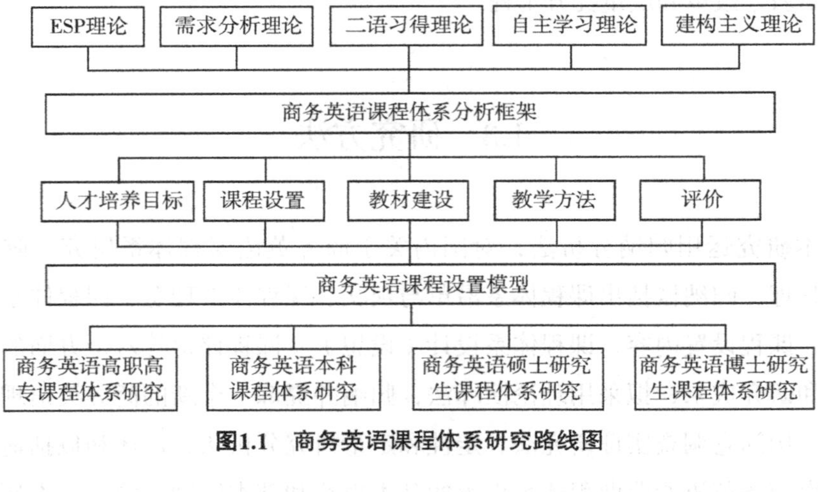

图1.1 商务英语课程体系研究路线图

第2章　商务英语课程体系研究文献概述

我们在进行“商务英语课程体系研究”的同时，也借此机会收集了国内关于商务英语课程体系的部分研究文献。在分类研究的基础上，对41篇关于“商务英语课程体系与课程设置”的文献进行了整理分析，其中包括：《国际商务英语课程体系构建理论问题探讨》、《基于语言经济学的商务英语教育研究》、《ESP需求分析理论框架下的商务英语课程设置》、《商务英语课程设置及教学现状调查分析》、《基于交流需求分析和跨文化两维视角的商务英语课程体系优化观》、《基于国际化人才培养的高校商务英语课程建设》、《大学商务英语课程目标及教学原则》、《商务英语实践能力结构及其立体化课程设置的探析》、《理工科院校的商务英语课程建设探索》、《高职商务英语专业课程设置研究》、《商务英语课程设置中文化素养教学的重要性与有效性》、《培养复合型人才的有效方式——商务英语专业课程评价》、《商务英语课程效能评价指标体系研究》等研究文献。我们将这些研究文献的基本理念（观点）和部分内容分为：商务英语课程体系沿革与现状、商务英语课程体系理念研究、商务英语课程体系设置原则、商务英语课程设置内容、商务英语课程体系设计（设想）、商务英语课程评价六个方面。现将“研究文献”的相关内容按照这六个方面的思路辑录如下，供大家作为研究商务英语课程体系的参考。关于师资队伍建设、教材编写、教学目标、教学内容、教学法等内容，因为在本书中另有论述，在此没有进行整理和引用。

我们认为，整理辑录关于商务英语课程体系研究文献，汇集文献作者关于商务英语课程体系设计和课程设置的研究成果和基本观点，对于我们进行商务英语课程体系的研究具有积极的借鉴意义：一是可以反映出目前商务英语课程体系理论研究的现状；二足可以为构建商务英语课程体系提供研究思路；二是可以为商务英语课程设置提供建设性的参考意见。

2.1 我国商务英语课程体系发展沿革与现状

2.1.1 我国商务英语发展概况

商务英语专业从英语专业分化出来，继承了英语（商务方向）教学研究理论成果，课程设置也从英语专业课程基础上演变而来。最初的课程设置都是依据《高等学校英语专业英语教学大纲》（下称《教学大纲》）的规定培养复合型英语人才，按《教学大纲》的建议设置课程，学时百分比总体为：英语专业技能课程67%，英语专业知识课程15%，相关专业知识课程18%，商务英语教学限制在相关专业知识课程中（俞建耀、刘法公，2013）。

国内商务英语课程设置经历了前学科阶段（模式一与模式二）和学科初创阶段（模式三），目前正处于初创阶段。模式一为英语（商务方向）ESP拓展模式；模式二为全英仿商科教育模式；模式三是商务英语专业学科课程模式。经过多年的发展，商务英语在国内已发展成不同模式，如广东外语外贸大学的“英语十商务”模式、北京外国语大学的“商学专业”模式和对外经济贸易大学的“商务十英语”模式。从2007年起，对外经济贸易大学商务英语专业开始招收来华留学生，目前规模已达100人，商务英语已成为受到国内外学生广泛欢迎的新型英语专业（陈准民、王立非，2009）。

我国的商务英语教学始于20世纪50年代，从对外经贸大学1951年创办“外贸英语”开始，并一直沿用到20世纪80年代。教学内容主要围绕外贸英语函电和外贸英语口语等展开（俞建耀、刘法公，2013）。随着全球经济的发展，20世纪80年代以来，由于社会对专门人才的需求，出现了商务英语（Business English或English for Business）。商务英语教学在我国真正发展还是在近20年，其课程名称极不统一，有“商务英语”、“商业英语”、“商贸英语”、“外贸英语”、“经贸英语”等多种说法（阮绩智，2005）。教学内容主要围绕外贸英语函电和外贸英语口语等展开。到了90年代，由于我国的经济逐步与世界接轨，国家的商务活动已不仅限于经贸的范畴，还延伸到金融保险、工商管理、投资融资、涉外法律、信息技术、现代物流等领域。高校的外贸和外语教育也相应地不断改革，课程设置和教学内容不断扩展，商务英语逐步取代了外贸英语，从一两门课程发展成为涉及国际商务各个领域，由多门课程组成的一个学科体系（俞建耀、刘法公，2013）。

1995年我国的硕士研究生专业目录中，商务英语被列入“语言学与应用语言学”学科中。教育部批准在高校本科招生专业中设立商务英语专业，2007年对外经贸大学成为全国首个经教育部批准开设此专业的大学；2008年又有广东外语外贸大学和上海对外贸易学院两所大学通过审批。截至2000年，教育部已批准对外经济贸易大学等7所高校设立商务英语本科专业，全国已有近300所院校开设了商务英语方向或课程，国内院校不但招收商务英语方向的本科生和双学位生，而且还招收研究生。目前，招收商务英语专业本科学生的高校已达15所，包括上海财经大学、上海外国语大学、西安外国语大学等。商务英语本科专业的成功设立，标志着商务英语经过50多年的发展，已经在我国高等教育专业序列中取得了应有的学科地位，这也意味着商务英语将作为一门适合我国经济发展和社会需求的独立专业继续获得发展，将成为我国培养国际化人才的有效模式和新型途径（宋娜娜，2012）。

现在，商务英语也称“国际商务英语”，加上“国际”二字表示与涉外商贸有关。实际上，现在所说的“商务英语”更多的是出自实践者口中，而非理论家的笔下（Johnson，1993）。商务英语一般也指高等学校和语言学校所开设的课程。由于学习者的背景不同、动机各异，所以，各种名目的“商务英语课”虽有其共同特点，但往往差别甚大，而且，高校开设的商务英语课程和社会上的商务英语培训课程也有一定的区别。

随着经济的发展，我国对外经济战略正在从“出口导向型”向“全球化经营”转变，对商务英语人才的培养已从过去的“单一型”外贸人才转向国际商务的“复合型”人才。当今商务英语的内涵已包容与商务有关的所有领域，不再局限于“外贸函电”和“外贸英语”的狭窄范围，发展成为包括国际贸易、金融、营销、管理、电子商务和跨文化交流等在内的完整的商务英语体系。从培养目标上看，商务英语课程的教学目的不仅仅是了解外贸函电写作和一些专业知识，更重要的是能够灵活运用英语进行有效的商务沟通，处理国际商务中的实际问题。这种变化和概念的更新给商务英语教学在教学内容和质量上提出了更高的要求（阮绩智，2005）。

2.1.2 我国商务英语课程体系与课程设置现状

“捆绑起来的舢板不等于航空母舰”。我们必须冷静地看到这样一个实际情况，即在一段时期内，商务英语专业之所以有较高的增长速度，主要是基于国际和国内的需求的拉动作用，是一种“数量型”的外延扩张状态。学科专业数量（规模）的增长反映的只是商务英语教育发展的表层；规模的增长依靠的是教育资源的“投入”和对教育资源的“消耗”，实际上是属于“外延式发展”。“看似空前繁荣的商务英语教学，其背后却是一种浮泛的平面化状态，我国商务英语教育正处于一种多元化、粗放型的规模扩张状态，急需进行规范与专业内涵建设”（莫再树，2014）。商务英语要做到可持续科学发展，应该在认真总结学科发展经验的基础上，“制定能充分体现市场导向性、反映商务英语专业教育内在需求与规律、具有成本效益的商务英语培养模式、课程体系、教育政策与规划，成为语言经济学视角下的商务英语教育研究的关键问题，这一问题关系到商务英语专业特色的鲜明性能否凸显，关系到商务英语复合型人才培养模式的成败，关系到社会对商务英语人才的评价与商务英语教育政策的制定”（莫在树，2014）。商务英语专业应着力转变办学理念，强化教育质量意识，摒弃外延式发展思维，转入内涵式发展轨道。

2.1.2.1 商务英语课程体系与课程设置的主要问题

目前，商务英语课程设置远不够完善和健全，更没有从商务英语学科建设高度上，对课程体系进行系统化研究和建设。存在的问题主要表现在（宋娜娜，2012）：

（1）课程设置趋同，缺少应有特色。商务英语专业开办之初，众多学校普遍缺乏真正意义的市场调研，对人才的社会需求状况、人才标准、岗位职业能力等要素把握不准，一些学校在课程设置上单凭主观经验，或仅凭学校的师资条件进行课程设置，有的学校干脆从其他学校照搬照抄。其课程设置没有依据各自学校自己的特点进行改造与创新，缺乏科学的课程精选，体现不出学校自身的办学基础、特色优势及服务面向，课程设置存在着千校一面现象。

（2）教学大纲缺位，课程设置不够完善。目前在我国高校尚无统一的ESP（专门用途英语）的教学大纲，ESP在高等英语教育中的定位也不明确，这导致了我国ESP教学面临许多问题。商务英语作为ESP的一个分支，也深受其影响——既没有统一的大纲，也没有课程设置的标准。尽管已出台《高等学校商务英语专业本科教学要求（试行）》，但因各高校办学背景和办学经历不同，加之对商务英语的认识存在差异，教学目标定位不清，课程内容缺乏科学、严谨的规划，各高校商务英语课程设置随意性较大，教学计划相差甚大，所用教材各自为政，所开课程极不统一，差异性很大。尤其是许多院校商务英语专业盲目地开设和扩招，其课程建设及人才培养质量更是不尽如人意（宋红英，2014）。

（3）课程结构单一，教学针对性不强，未能把握商务英语复合性的特点。部分商务英语专业都是在20世纪90年代后，为适应英语专业改革及高职教育的新形势而匆匆设立的，缺乏对商务英语特点的研究，加之教师专业背景（多为英语专业）单一、专业化程度不高。在课程体系设计上，多数学校没有按照一定的教学理念，对课程进行重组优化，而是对原有课程进行删减与增补。由于专业教师自身英语背景的关系，课程设置出现重英语、轻商务的现象。语言类课程相对完整，商务类课程被“矮化”，仅仅解决了商务类课程有无问题，无法突出其“商务”专业特性，专业课程无法深化拓展。未能把握好商务英语的“复合性”特点，在课程设置中，“商务”与“英语”脱节，两者缺乏契合点，简单地增加两三门专业课程既不能体现学科知识的系统性，更谈不上技能的系统训练与实践能力的培养，存在着语言技能学习与商务专业知识比例失调的现象（姚璐璐，2007）。

（4）课程体系不健全，实践教学体系缺失。商务英语专业应突出培养人才的应用能力，课程体系强调知识与能力的有机结合，重视课堂与实践教学的有机结合，强调实践教学的落实。要求专业教育以职业为导向，突出语言能力和商务操作技能训练的主体地位，强调职业技能培养。实际上，该专业在课程设置中明显存在以下问题：理论和实践教学分配比例不合理，课程设置不完整，没有建立相对独立的实践教学体系，实践环节重视不足，缺乏真正意义的专业实验室、实训中心，校外实习基地建设跟不上发展等（严玉萍，2013）。

（5）课程设置缺乏理性思考，难以体现知识、能力、素质协调统一。商务英语课程设置中难于兼顾“涉及面广”和“重点明确”两个要素。一些院校在该专业课程设置和教学上，主观设置课程，缺乏理性思考，不结合实际地照搬照抄其他院校的课程设置，还存在着重理论知识传授，弱化能力和素质培养的现象，体现出课程设置的盲目性和随意性。学生在知识、能力、素质等方面难以做到统筹兼顾，语言与商务技能难以协调统一，从而导致出现以知识传授代替能力培养和技能训练，忽视学生职业素质的培养和文化内涵的提升，学生缺乏岗位创新意识和创新能力的现象。课程设置和教学诸多问题最终体现在学生就业方面出现问题：即找工作难，上手慢，能力差，发展后劲不足（严玉萍，2013）。

（6）商务英语课程体系理论研究不足。商务英语专业教育质量跟不上办学数量的快速增长，专业内涵质量落后于办学规模的发展。商务英语课程体系的有关理论和实践教学体系等综合性研究亟待深入，具有可操作性的课程体系及教学研究明显不足（宋红英，2014）。国内对于专门用途英语的理论研究比较少，主要是对国外现有理论的学习研究，对于课程在实践教学中遇到的困难缺乏广泛深入的研究，对商务英语课程的总体设计更是少之又少，最多也是提出课程没计思路，并没有解决对策和设计方案，缺乏有深度的理论探索研究（王佩、王民，2015）。

（7）专业师资队伍严重匮乏。许多任课教师不具备丰富的商务知识或实践背景，无法有效地开展商务英语教学；由于教师不清楚学生的实际学习需求，不了解他们需要什么样的语言技能和专业知识，所以他们的教学往往带有一定的盲目性。目前教师中还有一种比较流行的观点，即英语专业毕业生只要加学几门国际商务方面的课程即能从事外经贸活动。因此，在教学中教师不以学习者为中心，存在着填鸭式为主的教学方式，学生参与课堂活动的机会不多，教学内容缺乏针对性。其结果是，学生通过学习掌握了不少经济和外贸知识，但是缺乏将所学知识应用到实际工作中去的能力（管春林，2005）。

（8）教材缺乏针对性。大多数经贸英语教材试图包含商务英语的各个领域（如保险、金融、运输、国际支付、专利等），结果造成教材缺乏针对性，而且这些教材大多侧重介绍外贸知识，而对实际技能的培养重视不够（管春林，2005）。

商务英语目前的状况难以满足广大高校培养一流国际化人才的需求，并与大学英语教学改革的目标相差甚远。如何确定培养目标、制定教学大纲、推进商务英语课程建设是目前所有院校亟需解决的问题（宋娜娜，2012）。

2.1.2.2　商务英语课程体系存在问题的主要原因

培养曰标是商务英语课程设置之根本。从本质上分析，商务英语培养目标普遍缺乏系统研究与思考是产生问题的根本原因，而人才培养定位、人才规格的界定是否清晰，课程设置是否科学等又涉及各校办学层次、办学类型、行业背景、市场需求、生源结构等方面。总之，培养目标决定商务英语专业的走向及其培养方法，关系到人才培养的深度与广度（宋红英，2014）。

（1）专业定位不准对课程设置产生直接影响。商务英语专业培养涉外商务行业应用型人才，专业涵盖面较广。许多院校，尤其是高职院校对该专业定位不明确，对于职业面向、可择岗位、教与学双方状况不清楚。因为对商务英语专业定位缺乏综合性、开放性思考，造成在课程没置上应遵循的原则体现不清，在“培养懂商务英语人才，还是懂英语的商科人才”，“用英语教商务，还是以商务为内容教英语”，“专业培养以英语为主还是以商务为主”，“如何把握语言知识及能力教学与商务技能培养的关系”等问题上不确定。归根结底是由于专业培养目标定位不准确、培养目标不清晰所造成的（宋红英，2014）。

（2）专业认识误区和偏差造成课程设置针对性不强。商务英语专业是跨学科复合型专业，不是单纯英语专业，不是纯商科专业，不是英语和商务的简单相加，而是有机结合体。它强调英语语言能力，重视商务知识和技能。由于认识误区和偏差及局限性和片面性，一些学校在课程设置、教学安排等方面没有对其应用性和复合性给予充分重视，对商务能力培养缺乏针对性，仅停留在英语和商务简单相加阶段。大多数院校该专业课程设置有精读、口语、听力、写作、国际贸易实务、国际金融、市场营销、商务谈判、电子商务等，课程设置貌似齐全，但因为不少院校没有注重将学生英语、商务知识向商务能力转换，使得课程设置距商务英语人才培养的要求还有一定距离（宋红英，2（）14）。

（3）教师单一专业背景制约了商务专业课程设置的厚度和广度。由于扩招因素，许多学校普遍存在师资不足、教师负担重，使得专业发展受限制的现象。更重要的问题是，对于众多学校而言，真正懂商科专业的教师严重缺乏，成为制约课程设置和教学深入的最大障碍。目前各校教师主要以传统外语系普通英语教师组成，教师学科背景、学历结构、知识结构、能力结构等组成不合理。教师队伍专业化建设是制约商务英语课程设置和专业培养目标实现的重要瓶颈之一（宋红英，2014）。

2.2 关于商务英语课程体系理念研究

办学理念和教学思想是课程体系设计和课程设置的理论指导，有什么样的教学思想就会有什么样的课程体系和课程设置模式。办学理念决定了课程设置标准和课程设置的权重；办学思想、教学理念的现实情况体现出课程体系和课程设置的完整性以及成熟程度；关于课程体系和课程设置的理念，更是直接反映了学科专业教育的方向性和科学性，它渗透于课程体系各个方面和教学的全过程，是建立规范、完整、科学的课程体系的思想基础。

2.2.1　关于商务英语的价值取向

在国内商务英语教育界，人们对于商务知识与英语语言谁主谁次的问题上有两种不同取向：一是强调国际商务英语其学科构成必须以国际商务为核心，涵盖国际商法、国际贸易理论与实践、国际金融、国际市场营销等学科，形成国际商务特色；二是主张以英语语言为主体，辅之以多种必要的经贸知识课程，强调要学好商务英语必须先学好普通英语、基本英语，否则所学的商务英语只能是皮毛，是无源之水，无本之木，无法巩固，无法深入，更不能进一步提高（史天陆，1998）。我们应该对商务英语专业教学的核心概念和概念体系进行提炼和归纳，特别是按照Bhatia（2002）关于专业技术论述的思考框架规划商务英语教学内容，为商务内容课程教学确立重要的理论依据，不再纠缠于姓“英”还是姓“商”的问题。其专业技术包括三维度：（商务）学科知识（内在逻辑）、行业惯例做法（认知行为策略）、话语产出和接受能力（语言策略技巧）。话语能力不脱离另外二维度，随着学科知识和行业惯例做法的积累而增强。由于三维互动综合地体现在话语产出和接受能力，所以话语产出和接受能力成为商务英语教学内容组织的原则（俞建耀、刘法公，2013）。

上述两种商务和英语的价值取向的观点，就是商务与英语的关系问题，也就是在课程体系设计和课程设置中的课程权重（比例）问题。课程设置的标准问题，说到底，就是商务英语专业教学目标定位问题：即培养什么样的人？是职业化人才还是研究型人才？是学历教育为主，还是职业教育为主？是商科知识（技能）为主还是英语知识（技能）为主？这样的问题会从根本上决定着课程体系设计和课程设置的内涵和走向。解决上述这些问题需要时间和契机，本书的一个重要任务就是进行关于商务英语课程体系理念的探索研究。我们在此介绍下列关于商务英语课程体系与课程设置的理念和观点。

2.2.2 商务英语与课程建设

商务英语可以分为两类，一般商务用途英语（English for General Business Purposes，EGBP）和专门商务用途英语（English for Specific Business Purposes，ESBP）（Dudley-Evans etc.，1998）。EGBP主要针对没有商务工作经验的在校学生和刚涉足商务活动的学习者。虽然它电以商务为背景，但没有专门的商务用途，课程设计近于普通英语，主要是语言技能加上一般的商务背景知识，着重培养学生在一般商务环境中使用语言的能力。我国高校开设的商务英语课程即属此类。ESBP是指已有商务工作经验或经历的学习者使用的英语。各类商务英语培训机构或企业为在职人员开设的英语培训课程属此类（阮绩智，2009）。

西方英语语言教学（ELT）对诸如currIculum，course 和 syllabus等术语的阐释是有较大出入的（Stem，1983；White，1988；Nunan，1991）。在英国，curriculum和syllabus的含义颇有不同，前者指一所学校或一种教育制度所要实现的教学内容和教学目标的总和，后者则具体指某一科目所包含的具体的教学内容（White，1988）。而在美国它们则含有同样的意思。按照Nunan（1991）的观点，syllabus实际上是curriculum的一个组成部分。一般认为curriculum是“课程大纲”，它包括的不仅仅是教学的内容，而且还有教学的目标和学习活动。syllabus则可理解为“科目大纲”，其重点是在教学内容的选择和组织上（赵军峰，2006）。

课程建设是一项系统工程，涉及教学目标、教学内容、教学方法和手段、教师队伍建设、教学评估等方面。课程建设的质量直接关系到高校的教育教学水平及人才培养的质量。商务英语专业是以英语和经营类（管理学、经济学、法学、贸易）等相关学科的主干课程为主修内容的应用型、交叉型、多门类的复合型学科。它的目标是培养能够以英语为工具，独立、熟练、直接、有效地进行各种国际商务活动的国际型人才（张武保等，2009）。人才培养是课程设置的起点和终点。合理的课程设置是保证商务英语专业健康发展的基础，也是人才培养质量的保证，在课程体系中具有重要意义。

2.2.3 关于课程目标

课程目标的重要性在于它是对课程实施结果的一种预期，也就是课程价值观的具体化，它决定了课程内容的选择和组织、教学实施和评价，也是界定教学成功与否的一个标准。无论何种课程设置模式，都应该满足商务英语人才应具有的专业知识与能力结构。商务英语课程的培养目标可分为科学基础目标、实践能力目标和人文素养目标。科学基础目标指的是培养学生具有扎实的英语语言基础及丰富的商务理论知识；实践能力目标是指提高学生社会实践能力，确保学生的社会实践有质量、有内容；人文素养目标是指全面提高母语国家和英语语言国家的文化素养，具有丰富的人文情怀（赵博颖，2014）。

大学商务英语课程的目标可描述如下：商务英语课程作为英语专业（或经贸等相关专业）高年级的一门主干专业英语技能课程，旨在通过学习商务英语语言材料和商务专业知识，拓宽知识结构，强化商务英语技能。该课程不仅帮助学生掌握必要的商务英语知识和商务知识，更重要的是培养学生在各种商务环境下熟练运用英语知识与技能的能力（阮绩智，2005）。

为了培养高层次、高素质的复合型人才，我们在为学生提供语言、管理、金融、贸易等各个领域专业知识的同时，也应鼓励学生将这些知识与自身的专业整合起来，积极探讨全球性难题，引导学生增加认识的深度和广度，增强自主学习能力和开拓创新精神，以适应不断变化的知识体系和社会环境（宋娜娜，2012）。

作为一门复合型专业，商务英语所培养的学生不仅需要较高程度的英语语言知识和应用技能，还应具备较强的跨文化交际能力与较高的人文素养，才能在国际环境中成功地使用英语从事各种商务活动。要实现这个目标，需要设置一系列的英语语言和文化素养方面的课程，并在商务英语专业课程教学过程中，贯彻对学生人文素养和文化意识的培养。一门ESP类型的商务英语课程不可能承担所有文化知识和信息的导入。首先，有必要设置一系列的英语语言文化和母语语言文化课程，如英美文化、中国文化、欧洲文化以及跨文化交际学等。这类课程能够系统地提供大量有关语言文化背景方面的知识。其次，充分利用商务英语专业主干课程教材。商务英语专业主干课程教材中许多课文和文化是相互融合的一个整体，学生们在学习这些原文课文时，除了必须学习基本的英语语言技能，还应了解与之相关的英语文化背景知识（李嫦嫫，李晓坤，2013）。

商务英语课程体系应该反映出现代化的课程理念：

（1）课程体系体现以“人的全面充分和自由发展”为本质的理念：国际商务与英语的结合，本身就是课程组合的一个进步，它为培养应用性复合型高级外语人才奠定了良好的基础。以往的纯英语课程，无论是课程的设计还是课程的实践，人们关注的是知识和知识的积累，足学科结构和学科，关心的是“专门职能化”的整齐划一的培养目标，而对人的个性发展及适应社会的能力发展有所忽略。随着社会的迅速发展及其对外语人才的要求提高，外语教学必须进一步拓宽课程的专业适应口径，提高学生对职业和社会生活的应变能力，构建多样化课程体系，在课程中既重视逻辑结构又重视知识发展结构，既重视知识的更新又重视知识定向的整合与应用，从而满足培养全面发展的应用性复合型外语人才的需要。

（2）课程体系体现商务英语专业课程综合化的理念：以往高校的课程缺陷主要表现在自然科学与人文社会科学教育割裂，科学教育与人文科学割裂。“人的发展止向片面化，学文的不懂理工，学理工的不懂文科，整个社会的能力生活日益分割为两个极端的集团”（许建领，2000）。文科出身的外语学生不懂理工不懂经济，这是以往众所周知的外语人才缺陷。国际商务英语跨学科结合的课程体系，在这方面打开了一个突破口。目前，有条件的综合大学或理工类院校，外语专业学生跨系跨专业选修适合自己兴趣的理工类课程或经济类课程，成为精英语、懂商务、会文秘或财会、工业管理的应用型复合外语人才。还有的院校为理工专业的学生开设商务英语第二专业，为更多的理工科学生提供了学习经济、商务、外语的环境与条件，培养了一种新的复合型理工人才。这两种培养模式颇有创意，值得探讨。而学生跨系修课也反映了学生对课程综合化的强烈要求。因此，商务英语课程体系必须协调三方面的关系：学科与学科之间的关系、课程内容与社会需要的关系、课程与学习者之间的关系，以此达到课程综合的目的。课程综合化更加注重学科特性或专业特性，它不仅是课程结构的综合，也是课程内容的综合；不仅是学生知识结构的综合，也是思维结构、价值观念的综合（丁丽军，2001）。

2.2.4 关于课程的本质观、课程的价值观、课程的构成观

在建立新型的商务英语课程体系之际，我们有必要对符合当今课程改革潮流的新型课程观有所了解。课程研究专家（黄甫全，1999）就课程的本质观、课程的价值观、课程的构成观提出下列见解：

2.2.4.1 关于课程的本质

我们应该树立全面的观点，即把课程看成既是一种“教育计划”，也是一种“预期教育结果”，还是一·种学生获得的“教育经验”。而且，还应该从“人的本性是活动”这一观点出发，把课程看成是“一般教育进程”，它不仅仅是存在于“观念状态”的可以分析的“计划”，还是生成于实践状态的整体教育活动。这一活动涉及的各个要素，如教育对象、教师、教材、教学设备对于活动的成功与否都有影响。

2.2.1.2 关于课程价值

我们应形成辩证整合的课程价值观：建立以学生为本的课程体系，注重学生个体需要，解决课程的个体价值割裂问题；注重人文与科学的整合、公平与效益的整合、普及与提高的整合、阶段与终身的整合。

2.2.4.3 关于课程的构成

我们以往一方面把课程载体构成狭隘化理解为“教材”，缺乏课程包或多媒体课件的现代观念；另一方面把课程实质构成狭隘化理解为“教学内容”，将内容与目标、手段、方法、评价等割裂开来。我们现在应该超越课程就是教材的观念，将其扩大为课程材料，包括课程原理、课程计划、课程标准、课本、教学指南、教师指导、补充材料课程包等方面。课程体系的研

究以及改革，一方面不能仅仅把着力点放在课程计划、课程标准和课本上，还必须重视课程原理、教学指南、教师指导、补充材料、课程包以及多媒体课件。关于课程的过程，我们应该认识到课程是一段教育进程的特点，从而注重课程的微观过程和宏观过程。在微观过程的课程规划、课程实施与课程评价三个环节中，不仅需重视课程规划过程中的原理分析、目标确定、内容选择和内容组织以及制订课程计划、编制课程标准和编写教材等，更要重视教学目标、教学设计、教学策略和方法以及组织教学等课程实施过程。同时还要重视教学评价和课程评价等。我们应该建立课程改革、变迁、创新的经常机制，使课程始终处在变化发展之中，从过去的“死”课程变为现代的“活”课程（丁丽军，2001）。

2.2.5 关于课程概念

课程概念在国外有以下几种界说（孙宏安，2000）：

（1）课程是学校传授给学生的，使他们获得毕业证书或进入职业领域资格的教学内容和具体教材的总计划；

（2）课程是一种学习计划；

（3）课程指学校为满足学生学习需要与预期教育目的而进行的思想与活动的总体内容等。

课程概念在国内有以下几种界说：

（1）课程是为实现学校教育目标而选择的教育内容的总和；

（2）课程是旨在遵照教育目的指导学生的学习活动，由学校有计划、有组织地编制的教育内容；

（3）课程是学习者在学校指导下获得的全部经验。

商务英语课程是我国高等教育课程的一个组成部分。就其性质而言，基本符合课程是“旨在遵照教育目的指导学生的学习活动，由学校有计划、有组织地编制的教育内容”这一国内课程概念的界说内涵（丁丽军，2001）。

2.2.6　关于课程特征

我国现行高等教育课程有以下三个基本特征（母小勇，1999）：

（1）“传授知识”取向的高等教育课程。课程以一门学科的基本知识和基本技能为核心。在这种课程中，“传授知识”是教学的首要任务。

（2）“科学主义”取向的高等教育课程。大学课程学问化是“科学主义”大学课程的显著特征。“科学主义”课程理论认为，学问知识是大学课程的唯一源泉。课程要依据学问逻辑与结构展开，学习者的本性、要求、兴趣这一类心理特点以及社会问题和生活经验等等都不能作为课程内部取舍的依据。

（3）“专门职业化”取向的高等教育课程。这种大学课程以“专门化”为显著特征。无论是专业设置还是培养目标都过分屈从社会某些专门行业、职业的需要，导致课程内容精深狭隘，课程之间融合性极差。面对科学技术在高度分化基础上出现的高度综合趋势，通过传授定向性专业知识与技能来满足特定职业需要的高等教育课程已经陷入了捉襟见肘的尴尬局面（马亚娜，2014）。

课程体系是高等学校人才培养的主要载体，是教育思想和教育观念付诸实施的桥梁。它指若干相互关联的课程组织或结构，它不是各门科目的简单叠加，而是一个统一整体，表现为知识的连续性和层次性（郭亚卿，2015）。商务英语课程体系的研究与设计，是关系到学科发展和人才培养规格的大事，是十分重要的基础性建设，课程体系直接体现了教学目的和培养目标。商务英语课程体系构建是一项系统工程，涉及内部和外部诸多方面因素，课程体系设计成功与否取决于这些因素间关系达到和谐平衡的程度。课程体系是龙头，它可以带动教材建设、师资队伍建设，带动教学方法和教学手段的改革，可以改革并完善学生的知识结构（王兴孙、陈洁，2001）。

2.3 关于商务英语课程设置原则研究

课程设置是商务英语专业的教学基础和根本落脚点，科学规范且能动态调整的课程设置是实现商务英语培养目标的保障。目前商务英语专业还没有全国统一教学大纲，课程设置还没有统一范式。根据商务英语专业的特点，国内外教育课程模式相关理论，针对商务英语专业培养目标定位，必须遵循一定的原则进行课程设置（宋红英，2014）。商务英语由于学校层次、学校门类、所在区域的差异，应该在课程设置方面，体现出层次化、地方化和特色化的特点，这是符合商务英语专业发展规律的必由之路。在坚持商务英语专业基本的发展方向（标准）的前提下，我们提出构建商务英语课程体系应该遵循的四个原则，作为设计商务英语课程体系的参考：即资源优化配置原则、多维度匹配原则、弹性化原则和动态完善原则（详见本书第五章）。在此，我们特推出阮绩智、王贵芳、李东亮、唐伟清、王兴孙、陈洁、杨慧、徐丕青等人提出的商务英语课程设置的如下原则。

2.3.1 专门用途英语课程设置的基本原则

作为专门用途英语课程设置的基本原则，Strevens（1988）曾就专门用途英语的共性和差异做了分析，提出四个重要原则和两个可变原则，四个重要原则为：①课程设置必须满足学习者的特定需求；②课程在内容上与特定的专业、职业以及活动有关；③在句法、词汇、语篇、语义及语篇分析上，课程重点必须放在与那些特定专业、职业及与之相关活动的语言运用上；④必须与EGP有鲜明对照。两个可变原则为：①可以只限于某一种语言技能的培养（例如只限于阅读技能或言语识别等技能的培养）；②可以根据任何一种教学法进行教学（也就是说，尽管交际法通常被认为是最适合ESP教学的，但ESP并不只局限于交际法）。

总之，任何ESP课程都具有一个共性，即课程设置必须满足学习者的特定需求。因此，为了培养适应社会主义市场经济条件下的高素质复合型英语专业人才，作为英语专业复合型课程的商务英语课程设置应以需求分析理论为指导，坚持目标性、需求性、科学性、系统性和发展性原则，并将这些原则贯穿课程设置、教材选编、教学过程与教学评估的始终，使教学更具有针对性和实效性，最大程度地满足目标需求和学生学习需求（阮绩智，2005）。

2.3.2　需求性原则

商务英语课程教学的出发点应该是学以致用，这也是课程设置的落脚点，合理科学的课程体系应该建立在需求分析的基础上。需求分析不仅对学科建设具有理论意义，更重要的是对课程设置、课程设计和教学实践具有现实指导意义，这是设计商务英语课程体系要考虑的前提原则（阮绩智，2009）。鉴于商务英语专业教学目标具有多样性和复杂性的特点，我们在设计课程和选定教材之前，有必要进行深入全面的需求分析。深入细致的需求分析，对于设置课程大纲、选用合适的教材，起着至关重要的作用。

培养复合型英语人才是大纲规定的培养方向，付诸实践势在必行。但是由于各地区社会与经济发展的需求不同、各校本专业发展状况不同以及其他诸多的因素，培养目标与规格以及教学内容与形式自然会有区别。尽管有许多参照因素，但各校应根据自己的实际情况，把社会需求与本土化选择相结合，形成自己的办学特色。在培养口径上，根据所处的社会环境的需求和变化及学生个性与特长的发展，设置多个相关专业课程群，供学生自由选择。这种培养方式有利于打破原有培养模式狭隘的知识结构，拓宽学生的视野和思路，顺应人才市场的需求；而且，这种语言知识与专业知识的融合在相当程度上扩展了学生的职业发展平台，使他们能够依托扎实的语言基本功，在语言交流的平台和专业领域里发挥专业优势并具备较强的竞争力（阮绩智，2009）。

因为商务英语专业的应用性很强，开没本专业的大多数是应用型高校，所以课程设置应当建立在社会需求分析的基础之上，根据院校自身实际情况，合理构建服务于区域经济和地方发展的商务英语专业特色课程体系，以培养地方经济发展需要的人才。需求分析下的商务英语课程设置原则包括三个方面：目标需求与学习需求相结合的原则；学生、学校与社会需求兼顾的原则；大纲制定、教材选择及教学实施要体现各种需求的原则（王贵芳，2015）。

2.3.3 目标性原则

《高等学校英语专业英语教学大纲》明确提出外语专业培养的人才必须是复合型的，并规定必须开设英语专业技能课程、英语专业知识课程和相关专业知识课程。其中相关专业知识就是指除外语专业知识之外的某一复合专业的知识，包括外交、经贸、法律、管理、旅游、新闻、教育、科技等方面的专业知识，而这些专业知识正是ESP课程的教学内容，是培养复合型外语人才所必不可少的。因此，商务英语设置课程必须以《大纲》为指导，其课程内容和教学形式必须突显复合型外语人才培养目标性原则（阮绩智，2009）。

2.3.4 系统性原则

商务英语的复合型特点要求课程设置不仅要遵循两个知识领域内各自学科没置的系统性，还要求遵循两者知识体系结合过程中的系统性，既要重视学生理论知识的综合学习，还要注重培养英语语言技能在商务环境中运用的能力，充分体现知识的连续性和层次性。商务英语专家Brieger（1997）曾指出，商务英语范围主要包括语言知识、交际技能、专业知识、管理技能和文化意识等核心内容。因此，完整系统的商务英语课程体系应涵盖以上几方面内容。在课程设置中，根据学生所必需的知识结构、专业能力的需要和商务方向，将课程设计成几个模块，如语言技能模块、商务知识模块、跨文化交流和人际沟通模块。每个模块下设几门核心课程。所有这些课程相辅相成地共同构成提高学生用英语进行商务沟通的综合能力的课程体系（阮绩智，2009）。

2.3.5　科学性原则

课程设置必须建立在科学的基础上，既要充分体现社会需求，又要遵循课程设计的规律，从简单到复杂、从基础到专业、从理论到实践，并且还要考虑到教学资源、教学过程等客观因素，以保证课程体系的可行性；同时要正确地反映各门学科，课程内容符合科学体系要求，重视各学科、各课程之间的内在联系。商务英语是英语语言文学与经济类各专业交叉的学科，在课程和教材内容上要合理处理英语技能课程与商务专业知识课程之间的内在关系以及各门课程的有机结合（阮绩智，2009）。

2.3.6　课程优化原则

课程优化原则指通过对原有课程整合，有机组合成一种灵活实用的新型课程模式。具体体现在商务英语专业课程为：加强英语类课程总体优化，改革传统知识为主课程，实现课程功能重建，构建服务性并融入专业教育的英语课程。重视语言能力培养与商务业务能力培养有机结合、协调发展。在课程设置上，尽可能寻求语言能力培养和商务英语知识学习的最佳结合。在培养学生英语语言能力时，让学生熟悉各种商务活动，了解相关商务知识。总之，优化原则要求在课程设置时，注意将语言知识、交际技能、文化背景知识和商务知识融于一体（阮绩智，2009）。

2.3.7　课程设置均衡性原则

课程设置均衡性原则要体现专业培养目标要求，做到基础知识、职业能力和综合素质统一：公共基础与专业课统一，英语类与商务类课程统一，理论与实践课统一，必修和选修课结合；针对不同学生能力、潜质、兴趣等设置多层次、有选择性模块课程与教学方案，考虑其内在联系和相互协调，做到基础性与专业性、协同性与衔接性结合，既综合，又均衡（阮绩智，2009）。

2.3.8 发展性原则

商务英语不是一一种静态的系统。随着国际商务不断发展和活动范围日益扩大，商务英语的使用范围越来越广泛。商务英语课程除了原有的纵横两方面的课程安排，还会涉及更多经济类以及其他跨学科的领域或知识。同时，社会对人才的需求在变化，学习者的需求在变化，高等教育也会有变化。因此，课程设置不可能一成不变，应该随着这些变化不断调整和完善，形成一种动态发展模式（阮绩智，2009）。

2.3.9 实用性原则

商务英语课程是一门实践性很强的应用学科。从课程的类型来看，开设过多商务、英语的理论课程而缺少商务英语技能课，无法体现其“实用性”，势必影响到学生实践能力的提高。在实践课程体系设计中，应该充分突出语言的实际运用，配合先进的多媒体教学设备，对课程内容坚持随堂讲解随堂训练，精讲多练。采用多媒体课件教学，利用校园网，实现资源共享。同时，还需充分发挥校内实验室的作用，将培养学生能力为主的实践课程安排到校内实训基地进行，让学生见实务，亲自做，在实践中加深对理论的理解，在仿真环境中练就真本领（李东亮，2007）。

2.3.10 理论够用的原则

根据商务英语专业的培养目标和要求，商务英语课程采用“教、学、做”的教学模式。在理论课程体系设计中，我们应尽量把商务英语的理论内容限制在“够用”的范围内，对学生学习中所必需的知识精讲多练加以巩固，对没有联系或联系不多的内容，进行果断的删除及必要的“削枝强干”；对于学生入学前已接触过的内容则要注重加强训练，借以巩固和加深印象；对于以前学生未学过或接触比较少的部分则有必要进行适当的补充；同时，根据实际情况，把所有学生知晓的商务英语内容进行一次系统的“穿线”，使学生对所学知识能有较全面的掌握。并再提高一步（李东亮，

2007）。

2.3.11 与国际接轨的原则

商务英语在西方发达国家，特别是英语国家已有较长历史，但在我国还属一门新兴学科。它是伴随着我国从计划经济向市场经济的过渡而逐渐发展成为一门学科的。从现有的课程设置和内容来看，还带有许多计划经济体制的痕迹，例如外贸英语函电，不少教材内容还是外贸进出口统制时的情况。而许多课程或内容，在西方英语国家是普遍开设或涵盖的，但在我国还属空白。应该说，这些课程或内容是国外大学在市场经济发展过程中为适应需求"应运而生"的，有其合理性和科学性。我们在设计新的课程体系时，应认真学习西方英语国家商务英语教学的经验，吸取他们先进的课程设置思想、方法。这样，不仅起点可以高，而且更具实用性（王兴孙、陈洁，2001）。

2.3.12 课程结构模块化原则

课程结构模块化是把教育内容编排成便于进行各种组合的单元。一个模块可以是一个知识单元、操作单元、实务模拟单元。实施就业导向能力本位课程应按模块化设计，即总体安排上考虑市场需要、就业形势变化和学生需要，以多模块课程组合形式体现一个核心、多个方向。"一个核心"指核心课程模块，是基本知识、技能等的"载体"；"多个方向"指多个可供选择、体现就业方向课程模块，是岗位群职业技能实现平台。核心模块课程相对稳定，方向性模块课程则具灵活性。这一模块化课程使学生能够按照个体爱好、兴趣、特长选择就业岗位方向，发展各自潜能，另外，可根据市场变化及时做出调整，体现社会适应性（杨慧、徐丕青，2014）。

2.3.13 理工院校商务英语专业课程设置原则

理工院校的商务英语专业课设置必须紧紧围绕"核心"、"实用"和"特色"三大原则进行优化。由于此类院校师资力量有限，因此课程设置必须更加紧凑、合理、完善。核心原则主要着眼于系统和基础。可为学生安排一些商科入门课程和商务英语专业应用较广的专业课程，如工商导论、商务知识导读、国际贸易实务、商务谈判等，让学生具备主要领域的入门知识，为以后在感兴趣的领域深入学习打下基础。实用原则着眼于经济发展的需要，力求服务区域经济，输送社会真正需要的复合型人才，培养学生实际的跨文化商务交流能力。为符合这一原则，各类高校应密切跟踪研究当前经济动态发展，及时调整培养内容与培养模式以适应市场需求。

特色原则主要依托理工院校的办学条件和背景，化劣势为优势，寻找“人无我有”的特色优势。之前人们简单地将商务英语对等于外贸英语，近年来对于“商务”所包含的内涵和外延，相关人士逐渐有了重新认识和再定义。除贸易方向的课程外，商务英语专业也逐渐开设了金融、营销、电子商务等课程。对外经济贸易大学的王立非教授曾经指出，商务指的是所有非私人的公务性活动。商务应包括贸易、营销、金融、旅游、管理、电子商务、外事、科技等领域。从此定义来看，商务领域的外延范围较广，不能狭义地去理解，可以将以往被排除在商务领域之外的学科如工程管理等囊括其中。基于特色原则和对商务领域的重新认识，同时考虑到大部分商务英语方向毕业生所从事的工作，开设建筑制图、工程管理方向等选修课程，对学生将来从事相关工作大有裨益（杨慧、徐丕青，2014）。

2.4 商务英语课程设置内容研究

商务英语专业学生要具备较强的职业能力和综合知识的运用能力，融知识、能力和素质培养于一体。因此，商务英语专业课程体系应贯彻多元整合的策略思想，打破原有课堂、学科之间的界限，以技术应用能力为核心，以培养目标为依据，对课程进行多元化整合，精简课程内容，避免交叉重复。突出应用知识和综合技能，强化计算机、英语和商务操作的应用能力，在整合的基础上形成新的课程体系（金郁，2007）。商务英语课程设置的目的在于建立工作学习一体化的专业课程体系，使学生在学习过程中提高实践技能，从而提高职业能力。我们应该认识到，课程设置只有主动地适应社会经济发展的形式，才会受到社会的欢迎，才能最终形成商务英语专业的教学特色，促进商务英语专业的可持续性发展（马_亚娜，2014）。

2.4.1　商务英语课程设置分类

王兴孙和陈洁（2001）提出：商务英语课程可以作为用英语开设经贸专业课的前提课程，但是商务英语课程体系重点还是语言训练，建立在基础英语教学的基础之上（俞建耀、刘法公，2013）。开办商务英语专业各学校除设置12门核心课程外，还可开设以下各种选修课：

（1）语言知识与技能课程群，包括高级商务英语、商务口译、商科经典选读、金融英语、法律英语等。

（2）商务知识与技能课程群，包括工商导论，国际贸易、国际贸易实务、国际营销、国际金融、电子商务、会计学、统计学、创业与创新等。

（3）跨文化交际课程群，包括国际商务谈判、英语演讲、商务沟通、国际商务礼仪、国际商务文化、企业文化、商业伦理等。

（4）人文素养课程群，包括欧美文化概论、欧美戏剧鉴赏、中国文化概要（英）等（陈准民、王立非，2009）。

对外经济贸易大学、广东外语外贸大学、上海对外贸易学院分别处于中国政治、经济、金融中心，也是最先获得教育部正式批复开设商务英语专业的院校，代表着全国商务英语学科发展的方向，选择这三所院校的课程没置作为研究对象具有代表性和说服力。课程设置可以充分反应专业教学内容和侧重点，对这三所高校商务英语课程设置进行交叉案例对比分析，可以为中国商务英语专业课程设置提供借鉴。

2.4.1.1　按培养方案分类

对外经济贸易大学、广东外语外贸大学、上海对外贸易学院总学分数分别为182学分、164学分、167学分。其中公共基础课程学分分别为40学分、47学分、37学分；学科基础课程学分分别为92学分、51学分、54学分；专业方向课程学分分别为22学分、52学分、54学分；实践教学课程学分分别为28

学分、14学分、22学分。对外经济贸易大学的学科基础课程在所有课程中占的比例明显高于其他二种类型的课程，而专业方向课比例比较小。广东外语外贸大学与上海对外贸易学院在学科基础课程和专业方向课程设置比较接近。学科基础课与专业方向课的比例基本相同，没有出现对外经济贸易大学两类课程比例悬殊的情况。对外经济贸易大学出现这种情况的主要原因是将专业必修课的内容纳入学科基础课的综合类课程中。三所院校在开设相同学科基础课的同时，根据专业方向开设两门以上不同的核心专业方向课程，并都注重英语基本功与商科知识相结合的模式。

2.4.1.2 按四大模块分类

根据《高等学校商务英语专业本科教学要求》，对四大模块的课程比例进行统计，发现对外经济贸易大学、广东外语外贸大学和上海对外贸易学院的语言知识与技能类课程、商务知识与技能课程、跨文化交际能力课程分别占56%、32%、12%，60%、30%、10%，71%、is%、14%。其他两所院校的数据是根据相同的分类标准对两所院校课程进行统计计算后获得。商务类专业模块课程采用全英教学模式，体现了商务英语专业外向型人才培养的特点以及商务英语与其他相关专业的教学差异。语言知识与技能类课程占比例最大，商务知识与技能和跨文化交际能力课程比例很小。通过比较，三所院校的语言知识与技能课程的比例远远超出商务知识与技能以及跨文化交际能力课程。商务英语专业的课程设置体现了跨学科的特性，但商务知识与技能课程的比例还是很小。

2.4.1.3 按知识维度分类

根据Anderson和Krathwohl等的知识维度理论，对外经济贸易大学、广东外语外贸大学、上海对外贸易学院课程设置中事实知识、概念知识、程序知识和元认知知识学分分别为69学分、42学分、45学分、26学分、93学分、40学分、19学分、12学分，66学分、41学分、44学分、16学分。广东外语外贸大学在事实知识和元认知知识方面的课程占有很大的比例，远远高于其他两所院校。对外经济贸易大学注重事实知识与程序知识的传递，而上海对外贸易学院更加侧重概念知识和程序知识方面。三所院校在课程设置上对学生培养的侧重点不同，对外经济贸易大学注重学生的语言基本功以及商务方面特殊技能的培养。广东外语外贸大学注重培养学生的语言基本功以及最终将商务知识付诸真正的商务实践能力和解决问题的能力。上海对外贸易学院注重学生对商务理论的理解和商务方面特殊技能知识的掌握情况（尤亚敏、张武保，2011）。

商务英语课程体系可从横向和纵向两方面考虑：横向指依照行业确定课程门类，如国际贸易英语、管理英语、金融英语等，各专业可根据专业不同确定课程；纵向即依照语言技能确定课程的目标或要求。以上提出的目标为课程总目标，各专业可结合自己的专业特点和需求侧重本专业商务英语学习，确定不同的教学目标层次，三个层次由低到高按序排列，且高一级层次要求包含低一级层次的要求。下面以侧重国际商贸的英语课程为例，描述三个层次目标：

表2.1　国际商贸英语课程三个层次目标

目标层次	听	说	读	写
初	能听懂外商的一般商务洽谈	能用英语与外商进行一般的口头商务沟通和商务洽谈	能看懂外商的信函、业务单证和文件	能用英语撰写商务信函和一般的商务文书
中	能听懂本行业报道和研讨报告	能用英语讨论本行业专业问题和进行一般商务演讲	能看懂英语报刊的一般商务报道和文章	能用英语撰写本行业报告
高	能听懂英语国家广播和电视的经贸报道和有关节目	能用英语讨论经贸形势和问题	能看懂英语报刊的经贸报道、国外经贸法规等	能用英语撰写宏观经济形势报告、商务合同、协议等文件

表2.1中各层次语言技能目标还可用定性和定量加以描述，使其更具体、明确，更有助于观察和评估。这三个不同层次的要求是高校英语专业或经贸专业学生经过商务英语课程学习应达到的标准。其中初层次目标是每个学生都要达到的；中层次目标应视为教学基本定位，要求多数学生达到该目标；高层次目标是对那些较优秀的学生设定的。学校可根据实际情况，确定教学目标，并创造条件，鼓励学生根据自己的学习情况，向高层次调整自己的学

习目标。当然，高层次目标也是该课程今后力求达到的（阮绩智，2005）。

2.4.2 商务英语课程设置模块

2.4.2.1 本科商务英语专业课程体系模块

商务英语专业贯彻“三线并行”、“四层深入”的教学理念，形成商务英语专业模块化课程体系。“三线并行”即主干课程、实践模块、能力证书三条线同步进展，每门主干课程都安排实训，在课程教学进程中以取得能力证书为目标安排教学内容，使理论课、实践、证书环环扣紧，将能力培养主线贯穿全程。“四层深入”即课堂训练、仿真训练、社会训练、毕业综合训练四个实践环节层层递进，逐步提高学生的应用能力（金郁，2007）。

商务英语课程教学内容设置分为三个模块：

（1）基础知识模块——结合对话、故事、文章等课程设置，针对语音听力、单词记忆、语法结构等方面进行针对性的训练。

（2）专业知识模块——通过模块里包含的商务接待、商务谈判、贸易实务、商务礼仪等教学实例，对商贸类专业用途英语中的专业术语进行的听说的传授。

（3）语言文化背景知识模块——系统地介绍英语国家的风俗习惯、文化背景等知识，帮助学生对这些国家产生正确的认识（曹煜茹，2015）。

柳青军、李娟（2006）设计商务英语专业课程体系基本模块为：英语基本技能课程，商务沟通（跨文化）系列课程和商务知识/技能课程。

（1）英语基本技能课程包括：精读、泛读、口语、视听、写作、翻译、高级英语和第二外语。从语音、词汇、语法、语篇层面构建英语基本语言能力，为培养商务交际技能，即交际行为能力打下基础。

（2）商务沟通（跨文化）系列课程：英语国家文化与社会、跨文化交际、涉外礼仪、英美文学、国际商务文化、商务英语写作、商务英语翻译、商务合同。这些课程未必需要全开设，可以选择3～5门作为主干课，其他可以列为选修课。这些课程以商务文化知识课程体系为背景，集中体现跨文化商务交际综合能力的培养，并以跨文化商务沟通的理论来提高学生文化适应移情能力。

（3）商务知识（技能）系列课程隶属专业课，包括：商务导论、国际贸易实务、商务函电、商务谈判技巧、国际市场营销、国际金融与结算、国际商法。通过这些课程开设建立商务知识（技能）体系，提高学生商务专业行为能力。其中，以跨文化商务沟通为核心课程，从理论和实践方面提高学生的跨文化交际意识，培养跨文化商务交际能力。

2.4.2.2　高职商务英语专业课程体系模块

基于对高职商务英语专业人才需求的调查，南通航运职业技术学院提出了基于能力本位的模块化课程体系，将课程体系分成语言能力模块、商务技能模块、拓展技能模块和综合素质模块。语言能力模块的课程主要有英语语音与听力、大学英语精读、英语口语、大学英语视听说、大学英语综合训练等，该模块的能力培养是其他技能培养的基础。商务技能模块的课程主要有进出口贸易实务、国际商务单汪、国际市场营销、电子商务操作、国际商法、外贸英语函电、商务英语阅读与写作等，这些课程与职业资格证书相结合，体现了“课证融通”。拓展技能模块的课程主要有船舶概论、国际船舶代理、船务英语、国际航运管理、国际航运业务英语函电、国际货运代理等，该模块与船务和航运业务相结合，拓宽了毕业生的就业范围。综合素质模块主要通过新生入学教育、企业专家的人才需求报告、企业文化课程、就业与创业指导课程、以项目目标达成为主导的合作式竞赛等提高学生的职业素养。另外还有计算机操作课程，旨在帮助学生熟悉计算机常用软件的操作方法等（马亚娜，2014）。

2.4.3　商务英语课程设置模式

刘曼（2014）在《商务英语课程设置与内容教学模式探究》一文中提出两种商务英语课程模式：

（1）商务英语传统课程模式

●课程内容介绍：传统课程又称“老三门”，课程涵盖外刊选读、外贸函电、外贸口语。此种教学模式以教师课堂讲授为主，背诵外贸高频词汇，讲解外刊商贸文章，分析商贸语法、句式以及学习运用各种商贸文件模板进行写作。

●商务英语传统课程模式优劣势分析：这种传统模式存在着不可否定的优势，外刊选读增强了学习的趣味性，丰富了学生的知识广度；外贸函电和外贸口语的学习让学生能更好地记忆使用专业商贸用语以及搭配的使用。但传统的课堂设置和教学模式也存在着需要改进的地方。例如外刊选读，虽然内容丰富，趣味性强，但是由于都是从各类报刊书籍中摘录的片段，内容略显分散，难成系统；至于外贸口语和函电中涉及的词汇和句式语法本身并不复杂，易使学生觉得内容简单且空洞乏味，难以调动起学习积极性。

（2）商务英语专业课程模式

●课程内容介绍：此种模式旨在讲授国际营销、企业管理、市场营销等经济管理类（后称经管）专业课程。这种授课方式把商务英语划分在经济学的范畴之中，相对语言类课程的学习，更侧重于经管类知识的学习。

●商务英语专业课程模式优劣势分析：专业课程模式的优势在于能让商务英语方向的学生涉足经管专业的多个基础课程。相对单纯英语专业的学习者而言，能在真正意义上培养出一批集英语知识和商贸专业知识为一体的复合型人才。但由于开设的经管课程（如市场经济学、国际经济贸易）专业性较强，且课目零散，没有形成系统整体性，导致学生学习难度较高，学习效率和效果不理想。

俞建耀、刘法公（2013）在《国内商务英语专业课程设置论综述》一文中提出三种目前通行的商务英语课程模式：

（1）英语（商务方向）ESP拓展模式。ESP即专门用途英语（ESP—English for Specific Purpose），它是根据学习者的特定日的和特定需要而开设的英语课程，旨在培养学生在一定工作环境中运用英语开展工作的交际能力。为了培养复合型英语人才，该模式把商务英语专业的课程教学分为两大阶段。第一阶段基础英语教学（该模式之本）开设听、说、读、写分项技能训练课程。第二阶段专门用途英语教学，教学内容贴近商务或某个行业，以达到“术业有专攻”的目的。这种课程设置模式比较适用于高职学生。经凋查，高职生对词汇量的掌握相对本科生较为薄弱。很多本科生在入校时已经达到高考要求的3 500左右的词汇量，而部分高职牛的词汇量不足2 000。因而对高职生进行基础英语教学是非常有必要的，对其今后学习专门用途英语很有帮助。

（2）全英仿商科教育模式。从教师教学角度来看，全英仿商科教育模式把课程分为巩固英语基本功阶段和用英语讲授商务课程两个阶段。所不同的是，该模式是仿照英国商学院本科课程的设置原则，先开设如概论类的普通商务课程，然后开设地道的商务课程如会计、国际贸易实务等，并且多采用英文原版教材。在实践中，教师不但要用英语教授学生商务知识，还要求学生用英语完成商务作业，只是把英语习得作为其附属品。仍以高职学生为例，因其基础英语水平较低，所以英语授课的实施受到限制。因此很多高职院校退而求其次，将英语授课改为用中文授课，并使用中文教材。这种“基础英语课”和“中文商务课”混杂式课程设置，虽然能使学生具备一定的英语语言能力和商务知识技能，却缺少将两者结合应用的能力。学生在实际的工作环境下运用英语处理问题时存在很多问题，如英语语言不能应运自如、对商务相关学科知识和行业惯例不了解等。

（3）商务英语专业学科课程模式。专业学科课程模式在学科行业背景下，学生对英语语言的接受（听、读）和输出（说、写）都能够应用得得心应手，则说明商务英语专业培养出的人才质量高，反之则不然。因此在课程编排上，专业学科课程模式同前两种模式各有异同。该模式同样强调在初级阶段打好英语基础，高级阶段着重提高商务专业知识。该模式的特色之处在于，在基础阶段时将语言技能和教学内容相结合，同时在教学内容上以商务为主，并在选择高级阶段的商务学科课程方面更重视其内在逻辑性。针对高职学生英语基本功薄弱的问题，各大高职院校的商务英语专业课程是根据上述第二三种模式相结合而设置的，并保留了一些基础英语课程，如综合阅读、基础听力等（曹煜茹，2015）。上述三种模式都明显地将学习切割为两个阶段，总体是英语学习四年不断线·先语言后（相关）专业的格局：基础阶段主要抓语言基本功训练，高年级主要进行商务英语教学或用英语教授专业课程。

2.4.4 商务英语课程设置与教学阶段的匹配

商务英语专业课程设计采取循环递增模式，因为“课程内容真正做到帮助学生知识结构的‘螺旋式上升’，随着低年级往高年级发展，课程的数量、难度和专业性都依次递增。但是作为同一个课程群体，它们之间具有密切的关联性。”（王艳艳，2011）课程设置与教学阶段的合理匹配，这是商务英语专业课程设置与教学阶段密切联系的核心问题。

商务英语本科专业学制为4年，4年的教学过程分为两个阶段：基础阶段（1～2年级）和高年级阶段（3～4年级）。基础阶段的英语教学着重打好英语基础，培养学生语言运用能力和跨文化交际能力、学习策略意识和良好的学风，为进入高年级打下扎实的专业基础。高年级阶段在继续提高英语水平的同时，重点提高商务专业知识，有选择地学习经济学、管理学、国际商法等商务专业知识，提高跨文化交际能力。两个教学阶段中课程设置应有所侧重，保持4年教学的连续性和完整性，自始至终注意提高英语应用能力（陈准民、王立非，2009）。

国际商务英语作为以英语为表达媒介的国际商务英语学科，其课程设置可以参考国际商务（贸易）专业（经过长期理论与实践检验）的做法。由于英语是表达媒介，因此，对英语的听、说、读、写、译五项技能的培养，必须贯穿本科四年学习的始终。本科四年又可分为两个阶段。在第一阶段的两年中，学生必须在英语五项技能上打下坚实的基础；而第二阶段的两年，主要培养利用英语的这五种技能进行国际商务学科的各种表达（黄遥，2001）。

2.4.5 商务英语课程设置比例和学时分配

按照《教学要求》，4年的专业课总学时最少不低于1 800学时（不包括公共必修课和公共选修课），各校在安排教学计划时，可根据本校的培养目标、专业特色及现有教学条件，开设相应的专业必修课和选修课，安排教学时数。各课程群开课时数的大体比例为：语言知识与技能类课程约占50%～60%，商务知识与实践类课程约占20%～30%，跨文化交际能力课程约占5%～10%，人文素养课程约占5%～10%，毕业论文（设计）与专业实习约占15%（不计入总课时）。建议开设12门核心课程和其他若干选修课程，各个课程群占专业课程的学时比例见表2.2（陈准民、王立非，2009）。

表2.2　商务英语专业课学时比例分配

课程性质	课程分类	核　心　课　程	占专业课比例
专业课	语言知识与技能	语言知识：语言学概论、其他语言技能：（商务）综合英语、听说、阅读、写作、翻译	50%～60%
	商务知识与技能	商务基础：经济学导论、管理学导论、国际商法导论其他专业方向课程其他商务技能课程	20%～30%
	跨文化交际能力	跨文化交际：跨文化交际导论、商务交际实践、其他	5%～10%
	人文素养	英美文学通论、其他	5%～10%
	专业实习/实践		15%（不计入总课时）
	毕业论文（设计）		
合　计			100%

广东外语外贸大学国际商务英语学院用英语教授的专业课程可分为三个类别：语言技能、语言知识和国际商务。语言技能课程包括基础/综合英语、语音、语法、听力、阅读、写作、口译/笔译、论文写作指导等，主要目的是培养学生的听、说、读、写、译五大技能；语言知识课程包括词汇学、英汉语言对比、英语文体与修辞，目的是增加学生的语言文学知识（这两类课程有很多交叉之处，例如综合英语、阅读等课程也以增加学生的语言文学知识为目标之一）；商务课程参照英国商学院本科课程设计，包括商业概述、经济学、会计原理、管理会计、国际贸易实务、国际金融、国际营销、国际商法、商业数学、商业统计等，让学生系统地学习商务知识。这三类课程（包括必修课和限制性选修课）共占2 232课时，其中一二年级语言技能课10门，180课时，商务课3门，108课时，前者占一二年级课时总量90.9%。值得注意

的是三四年级的课程，其中语言技能课6门，414课时，语文知识课3门，90课时，商务课14门，540课时，依次占三四年级课时总量的39.77%，8.6%，51.7%，商务课占了大部分。按课程门数算，商务课17门，占总数36门的近半（见表2.3）。

表2.3　商务英语专业课程分类

年　级	课程类别	门数	时数	占总时数比例%
一、二年级	语言技能	10	1 080	90.9
	语文知识	0	0	0
	商务	3	108	9.1
三、四年级	语言技能	6	414	39.7
	语文知识	3	90	8.6
	商务	14	540	51.7
合 计		36	2 232	

1999年全国教育改革要求精简课程，该系课时总数从3 200以上减到28000以下（见表8.4）。专业必修和限制性选修课程两部分共20 门，1 598课时，但是疆求学生还要在1 4门非限制性选修课中选11门。这三部分课程中语言技能课、语文知识课和商务课的比例见表2.4。语言技能课在一、二年级的比例下降，在三、四年级虽然上升，但是总课时量却是下降的。然而，受到影响的96级的八级考试和98级的四级考试成绩（2000年实施）都仍然很好，足以表明该系的课程设计合理（蔡芸，2001）。

表2.4　商务英语专业精简后课程分类

年　级	课程类别	门数	时数	占总时数比例%
一、二年级	语言技能	5	810	76.27
	语文知识	1	36	3.39
	商务	6	216	20.34
三、四年级	语言技能	7	442	44.38
	语文知识	3	122	12.25
	商务	11	432	43.37
合 计		33	2 058	

2.5 商务英语课程体系设计（设想）

课程体系的设计是商务英语专业教学的基础，具有全局性意义。它是教育思想、教育观念的体现，规定着人才培养的目标和规格，并势必带动教材建设、师资队伍建设、教学手段和教学方法的改革（王兴孙、陈洁，2001）。我们在此列出关于商务英语课程体系设计和课程设置的一些研究思路，严格意义上说，应该是基于两个认知维度的分析：一是关于商务英语课程体系的设计思路、设计步骤（程序）、设计内容等等；二是关于商务英语课程体系或课程设置的没想、建议等，可以在进行商务英语课程体系设计和课程设置时作为参考。

所谓课程设计就是对教学的整个过程进行计划并对其实施情况进行监督和干预。Nunan（1988）把课程设置的过程划分为以下几个阶段：分析学习者的需求和目的，确定教学目标，对教学内容进行选择和分级，进行适当的教学安排，对学生进行分班，选择、改编或编写合适的教学资料，设计学习任务和评估方式。Nunan把分析学习者的需求和学习目的看成是课程计划的首要环节，是后面一系列活动的出发点。Dubin和Olshtain（1990）也指出，调查摸底阶段应该是设置课程的第一步。鉴于经贸英语专业的教学目标具有多样性和复杂性的特点，我们在设计课程和选定教材之前，就更有必要进行一次深入全面的需求分析。能否做好深入细致的需求分析，对于设置课程大纲，选用合适的教材，起着至关重要的作用（管春林，2005）。

商务英语课程体系可采取逆向倒推模式进行构建。“逆向倒推”模式指按照逆向方式逐步导出课程设置。该模式需对人才需求做调研，确定职业岗位人才规格，确立培养目标和就业岗位，对职业岗位进行知识、能力、素质分解，进而确定教学内容和支撑课程，建立相应课程体系。其过程为：调查及人才需求分析—培养目标确定—就业范围及工作岗位定位—人才培养规格定位及毕业生质量标准确定—教学内容选择—支撑课程和教学体系确立。

"逆向倒推"课程体系构建要改变过去"学科型"纵向课程设置，体现以就业为导向的应用型教育特点和总体要求，有职业针对性和岗位适应性。该课程设计可按照模块化结构模式进行，如：素质基础课程模块、语言技能课程模块、专业知识课程模块、专业技能课程模块等体现灵活组合方式，实现基础素质、英语能力、业务能力和不同商务方向专业要求，并根据社会需求状况、市场变化，及时做出反应与调整，以体现更强的教学针对性和实用性（宋红英，2014）。

商务英语课程体系总体设想包含两个系列：一个是商务英语交流系列，即Busiriess Communlcation；另一个是国际商务概论系列，即Introduction to International Business。这两个系列中的每个系列都将开设系列课程，每门课程的课时可以有多有少，可以是必修也可以是选修。最理想的商务英语课程系列是：多"品种"、小课型、短课时（王兴孙、陈洁，2001）。

各高校可结合自身办学条件与实际的市场需求，在商务英语专业下逐步开设几个大类的组合课程方向，如国际贸易英语、国际商务管理英语、国际商务市场管理等。其课程设置在较为系统性地开设一些基础英语及商务知识、技能类课程（纵向与横向的网络状分布）的基础上，围绕商务英语实践能力的培养，按不同的课组方向有重点地开设相关专业知识以及技能课程，使课程设置朝纵深方向发展，从而有侧重地培养学生在国际商务活动中几大不同领域（如贸易、管理、营销等）方面的实践能力。此外，可通过开设不同课组方向的选修课，让学生根据自己的需求进行选择，进一步拓展不同课组方向之专业知识与技能（姚璐璐，2007）。

2.5.1 商务英语专业课程设想

（1）商务英语专业的课程应该是英语专业主干课程和商务专业主干课程的有机结合，而不是简单的相加；

（2）在商务英语专业下分设不同方向时，专业方向课程应该更加具有针对性，更大地体现方向性；

（3）商务英语专业的课程设置应该加入人文素养方面的课程，包括许多中国元素也应该融人商务英语的课程中；

（4）商务英语专业的课程要避免蜻蜓点水，课程开设应该具有广度和深度，并且注重精品课程的开发；

（5）商务英语专业的课程设置应该走出“因人设课”的尴尬局面，注重复合型教师的引进和培养；

（6）商务英语专业课程的设置要有层次性，处理好知识维度与各个层次课程设置比率（尤亚敏、张武保，2011）。

宋娜娜（2012）在《基于国际化人才培养的高校商务英语课程建设》一文中对中国高校的商务英语专业课程进行探讨，分析商务英语课程发展的趋势，并以此提出改进高校商务英语选修课程设置的建议：

通过对上海对外贸易学院、对外经济贸易大学、广东外语外贸大学等商务英语教学起步较早的学校进行调查，我们发现，这些学校的商务英语课程设置主要分为语言技能、跨文化交流、商务知识三个模块。语言技能课程包括综合英语、高级英语、英语听力、英语口语、英语写作、笔译、口译等；跨文化交流课程包括英语国家社会与文化、英语语言学基础、英美文学选读、英美国家概况、跨文化交际等；商务知识课程包括西方经济学、宏微观经济学、当代商业概论、商务伦理学、管理学原理、营销学原理、创业与创新、国际贸易实务、国际金融、国际商法、商务统计、商务谈判、外经贸英语函电等。这些学校在商务英语专业方面已建立起一套较为完整和科学的课程体系。

2.5.2 商务英语课程群内涵建设

商务英语课程设置随着经济全球化程度的不断加深，社会更需要跨文化交际能力较强的人才。这种跨文化交际能力的社会要求应当体现在具体的课程设置上，通过专业课程的学习培养学生在提高英语能力的同时提高文化差异的敏感性，掌握灵活处理不同文化之间的交流和人际沟通的能力。通过需求分析，对现行的课程设置提出以下改进建议：

（1）建议商务英语专业各课程群开课时数的比例为：英语语言能力课

程约占50%，商务知识课程（商务专业知识十商务技能）约占30%，跨文化技能课程约占15%，人文素养课程约占5%。

（2）建议调整的课程：在专业基础课中，可将商务英语口语、商务沟通等培养学生商务沟通能力的课时数提高；

（3）增加商务交际、国际商务谈判等实践性课程；

（4）除开设经济学、管理学、国际商法三门核心课程外，选修国际金融、会计学以及电子商务等商科专业课程；

（5）选修文秘英语、法律英语、营销英语、金融英语等专门用途英语课程；

（6）开设有一定必修学分的暑期实习课程，并为学生配备实践指导老师（王贵芳，2015）。

（7）设置一系列的英语语言文化和母语语言文化课程，如英美文化、中国文化、欧洲文化及跨文化交际等（李嫦嫫，李晓坤，2013）。

（8）开设重在训练学生商务英语情景实践能力因素的课程，如国际商务英语谈判、国际商务交流以及国际商务虚拟运作课程等，因为这类课程内容涵盖了国际贸易、国际营销、商务管理、跨文化交流等主要学科，涉及商务英语专项实践技能的综合运用。

（9）在实践教学环节，通过建立起以“海关—报关行—商检—国际货运公司—外贸企业—银行”等为主线的实习基地，让学生的商务英语情景实践能力在实际的工作中得到快速提高（姚璐璐，2007）。

2.5.3 商务英语网络状立体化课程设置

2.5.3.1 商务英语的纵向设置

遵循系统性原则及商务英语学科特点，即语言学习的循序渐进积累与商务学科先基础、后实践的特点。纵向课程设置总体思路为：一、二年级夯实英语基础，强化英语听说读写的技能，开设相应的基础和技能课；从二年级下期开始到三、四年级，开设商务英语专业类课程。

（1）先开设商务类基础知识课，如西方经济学、国际商法等，为商务英语技能课程的开设奠定基础；

（2）在此基础上开设专业性、实务性较强的商务课程，如国际贸易实务、国际金融、市场营销、商务管理等，此类课程重点在于商务知识的教授与商务专项技能的培养，课程最后可分配一定课时进行实践教学，以强化学生商务情景实践能力。此类课程要求用英语授课或用双语教学，也让学生较为系统掌握相关商务英语术语及常用表达法；

（3）商务英语视听说、阅读、写作等在国际商务背景下的语言专项技能训练的课程，可在学生掌握了一定商务基础知识与技能后开设；

（4）最后开设训练学生商务英语情景实践能力因素的课程，如国际商务英语谈判、国际商务交流以及国际商务虚拟运作课程等，因为这类课程内容涵盖了国际贸易、国际营销、商务管理、跨文化交流等主要学科，涉及商务英语专项实践技能的综合运用。

（5）在最后的实践教学环节，通过建立起以“海关—报关行—商检—国际货运公司—外贸企业—银行”等为主线的实习基地，让学生商务英语情景实践能力在实际工作中得到快速提高。

2.5.3.2 商务英语的横向联系

商务英语课程间的关联性就如隐性的线条将各门课程联系起来，如经济学、国际商法、国际贸易理论为“国际贸易实务”课程开设之理论基础；国际贸易单证制作、国际货运、国际结算等实作、实务性强的课程则从不同方向对国际贸易实务课程作进一步的拓展、延伸；商务英语听说读写译等课程则将商务知识、技能课程与英语基本技能课程有机联系起来；国际商务虚拟运作课程更是强调了在国际商务活动情境下，对商务英语情景实践能力因素的培养，要求学生综合运用所有所学的商务英语知识，尤其是商务英语技能进行实际操作，由于对情景真实性、任务真实性的要求极高，此类课程操作难度较大。

2.5.3.3 商务英语与社会实际相联系

课程设置中的实用性原则将商务英语课程与社会实际紧密联系起来，针对商务英语专项技能以及情景实践能力要素培养的实务类、技能类课程要跟上时代的发展需要，随着商法、商务惯例、国际形势等改变而不断进行修订。如将《外贸函电》课程改为《实用商务英语写作》更为适合，包括贸易业务信函写作、备忘录、商务文件等的写作，增加商务英语电子邮件写作及常见的网络用语等，实用性更强，更适合商务英语专业。

2.5.3.4 商务英语的纵深发展

目前，一方面，随着经济的快速发展和商务活动的复杂化，社会对商务英语人才的需求呈现多元化结构，对其实践能力提出更高要求；另一方面，商务英语课程设置中难于兼顾“涉及面广”和“重点突出”这两种要素，难于有针对性地帮助学生提高实践能力。我们认为，各高校可结合自身办学条件与实际市场需求，在商务英语专业下逐步开设几个大类的课组方向，如国际贸易英语、国际商务管理英语、国际商务市场管理等。其课程设置在较为系统性地开设一些基础英语及商务知识、技能类课程（纵向与横向的网络状分布）的基础上，按不同的课组方向有重点地开设相关专业知识以及技能课程，使课程设置朝纵深方向发展，从而有侧重地培养学生在国际商务活动中的实践能力。此外，可通过开设不同课组方向的选修课，让学生根据自己的需求进行选择，进一步拓展其不同课组方向之专业知识与技能（姚璐璐，2007）。

2.5.4 商务英语课程与信息技术的整合

商务英语课程设置必须分两个方面：专业内容和技术手段。技术手段主要指网络通讯和多媒体技术。随着三网（电话网、电视网和计算机网）合一呼声日益高涨，国际商务英语课程应包括传授网络通讯（电子邮件、网上电话、网上传真）以及多媒体应用技术（融文字、声音、图像为一体的数字化编码、解码技术），而且这些操作性课程应该完全在网上进行。技术的更新还会推动课程专业内容的更新。总体上说，国际商务英语课程的更新和设置须有三大特点：多媒体化、网络化和国家商务大范畴化（黄遥，2001）。

信息技术包括计算机硬件和软件的应用、网络和通信技术、应用软件开发工具等。其与商务英语课程整合主要体现在以下三个方面：

第一，根据学校的规模和学生数量，配备一定数量的多媒体教室和具有针对性的商务英语模拟实验室。

第二，高校实现网络全覆盖、开发网络学习课程为学生提供一个开放的学习环境。网络课程的开发一方面为围绕教学目标的系统课程设计，通过文本、图片、音频、视频等形式展现教学内容。高校可以通过鼓励教师参加授课比赛并上传优秀授课视频作为资料来源；另一方面，教师为学生推荐公共教育学习资源的网站，方便学生自学，如全国高校教师微机课比赛平台。

第三，高校可引进应用软件建立虚拟实验室为学生提供真实的模拟场景练习，如模拟商务谈判，学生可通过账号登录软件系统，选取不同的场景和角色进行模拟。也可设立网络直播教室，将名师、精品课程在网络进行直播或录播（赵博颖，2014）。

2.6 商务英语课程评价

课程设置不是静态的课程罗列，而是动态的学术规划，需要根据新情况新需求做出相应的调整。而课程设置的调整必须建立在课程评价之上，通过衡量课程设置的有效性，考察教师的教学目标和学生的学习目标是否一致等，来决定是否对课程设置进行调整和改进。

背景评价是商务英语专业课程设置的基础，能否准确把握背景分析直接影响到课程设置的方向及目标；输入评价是在确定特定的教育环境后，决定课程材料、课程安排及其对教育目标的影响；过程评价是课程实施过程中，对开设课程的有效性、教学人员的素质及学生学习效果等的监督、检查和反馈；成果评价通过毕业生和用人单位的反馈来衡量课程质量和设置的合理性。

课程评价是对课程协助学生掌握学习内容并达成教学目标的程度所做出的价值判断。它作为一种方法，可以获取与课程开发有关的信息和与课程开发有效性的证据。作为一种工具，是对课程的科学性和合理性做出判断并提供矫正控制信息的重要环节。

课程效能评价是指在一定条件下，对课程给学生发展产生影响程度的价值判断。“一定条件”是指对课程实施的“投入”，包括学校的生源质量、教学设施、课程资源等指标。课程效能评价就是在关注课程“投入”条件下，对课程的真实影响效果进行评判，得出输出值，从而判断课程的输入与输出是否匹配，投入的预期效果与实际是否有差异。

对效能评价的理解基于“增值”与“净影响”两种认识思想。“增值”思想是从经济学的角度来理解，以学生在学校的进步来衡量绩效。以增值思想理解课程效能评价对课程实施者比较公平，尤其对促进教育的均衡化发展有其独有的积极意义和现实价值，其经常采用的评价技术就是功效系数法。

功效系数法是哈灵顿（E.C.Harrington）在1956年提出的求解多目标最优化问题的方法。它是根据多目标规划的原理，把所要考核的各项指标分成多档次标准，再使用德尔菲法依据影响因素的评估值确定效能评价指标的理想值和满意值（严玉萍，2013）。商务英语作为新兴的学科和专业，其课程设置直接关系到学科和专业发展，同时决定了商务英语人才培养的质量。我们可以结合课程效能评价的理论基础，采用功效系数法确定商务英语课程效能评价的指标体系。

根据商务英语人才应具备的知识与能力标准，应用课程效能评价理论，采用功能系数，建立商务英语课程效能评价指标体系，分别就语言知识与技能、商务知识与技能、跨文化交际能力与人文素养中的商务知识与技能、跨文化交际能力两个方面做出详细的罗列，具体指标体系见表2.5及表2.6。

表2.5 商务英语课程效能评价指标体系（商务知识与技能）

指标领域	指标项目	具体指标	
		基本要求	理想要求
商务知识与技能	经济学	初步了解经济学的基本概念	了解与掌握经济学相关的知识，如：生产理论、成本理论、外部性、公共物品与公共选择、国民生产总值，国民收入决定理论、通货膨胀和失业，宏观经济政策；价格理论、消费者行为理论、市场理论。
	管理学	初步了解管理学的基本概念	了解与掌握国际企业管理有关的知识，如：经营环境、人力资源管理、财务 与税务管理、跨文化管理、社会责任；组织结构、经营模式与战略管理、市场营销。
	法学	初步了解法学的基本概念	了解与掌握国际商法有关的知识，如：大陆法系和英美法系的形成、结构及其特点、合同法、国际货物买卖法、产品责任法、代理法、商事组织法、票据法、工业产权与国际技术贸易法、国际货物运输法、海上保险法、国际商事仲裁。
	国际贸易	初步了解国际贸易的相关知识	了解与掌握国际金融有关的知识，如：国际贸易基本理论、国际贸易政策、经济全球化与区域经济一体化、WTO规 则与实践、国际贸易实务与惯例。
商务知识与技能	国际金融	初步了解国际金融的相关知识	了解与掌握国际金融有关的知识，如：国际收支、国际储备、金融市场、国际融资、国际资本流动、国际货币体系、国际金融组织、外汇与汇率。
	商务技能	熟悉和掌握日常商务办公的必要知识和程序，如：公司及部门介绍，产品描述，约会安排及日常接待，安排公司及部门会议，收发邮件/包裹，办公设备操作：熟悉和掌握以下基本的国际商务礼仪：电话礼仪，名片礼仪，信函礼仪，办公室礼仪，接待礼仪，会谈礼仪，会议礼仪，求职礼仪。	熟悉和掌握以下公司运行和管理知识：工作计划，工作安排，工作报告，工作流程介绍，产品描述，使用说明，产品广告，业务洽谈（如价格谈判、订购货物、投诉处理、货物运送、支付方式、通用商务单证等），会议组织，商务演讲，旅程安排；熟悉和掌握人力资源管理的基本知识和规则：工作岗位描述编写、人员计划与预测，雇员测试与甄别、员工招聘面试与甄别、培训与开发、职业规划，质量管理与生产管理，工作绩效评价，国际人力资源管理，相关法律法规、职业伦理道德。

表2.6 商务英语课程效能评价指标体系（跨文化交际能力）

指标领域	指标项目	具体指标	
		基本要求	理想要求
跨文化交际能力	跨文化思维能力	具备初步的全球视野和跨文化思维意识，摈弃自我封闭和对欧美文化的偏见或盲目追从。对外国文化中的社会价值观、文化习俗、文化准则和活动规则和中西文化差异具有国际视野和中国视角。	具备较强的全球视野和跨文化思维能力，保持开放的心态和对异国文化的宽容度，全面了解和积累贸易对象国的政治、经济、历史、地理、科技、文化的过去和现状，对中西文化现象能进行系统分析、综合、比较和归纳。
	跨文化适应能力	在跨文化环境下，具有基本的心理调适与灵活应对能力，能够发挥团队合作精神，维系良好的人际关系，能主动化解恐惧和焦虑心情，通过理解、分析文化差异有效化解文化冲突。	在跨文化环境下，具有较强的心理调适与灵活应对能力，能在文化冲突中适时调整心理状态，有效地克服民族中心主义、种族主义等交际障碍。在距文化交际中，能主动降低困惑感，化解恐惧和焦虑心情、减轻压力，达到自我放松状态。
	跨文化沟通能力	能较正确地灵活地运用语言和非语言交际方式和策略与来自主要英语国家的英语使用者有效交际和沟通，在国际化的实际环境中顺利完成交际任务和工作；能在跨文化交际中较有效地使用交际策略，包括对交际活动的开始、结束、维持、话题的转变以及交际失误产生后的补救等策略与技巧的掌握。能意识到文化对交际的时间、地点、社会地位、性别、态度以及所谈话题的影响和语用适当度。	非常得体地综合运用语言和非语言交际策略与来自不同国家的英语使用者进行有效交际和沟通，在国际化的实际环境中成功地完成交际任务和工作；能在跨文化交际中正确地使用交际策略表达情感与态度；能始终把握文化对交际话题的影响，没有语用失误。

课程效能评价基于人才培养质量，是制定个性化和有特色的培养方案和教学计划的依据，也是组织师资培训、教材编写、测试的重要参考。商务英语课程效能评价指标体系，有助于把握挖掘商务英语课程体系内部各要素之间的相互关系，从全面系统的角度出发，研究教育教学规律，为商务英语人才培养提供保证（严玉萍，2013）。

在CIPP模式下高职商务英语专业课程体系有许多改进和提高的地方。

首先，在确定课程体系之前，一定要调查用人单位对毕业生的要求，与用人单位一起确定人才培养目标和培养方案，这样培养出来的人才才能符合用人单位的需求：在制定课程体系时，要确保所设课程适应企业中典型的工作岗位，以岗设课，根据岗位需求制定课程标准和教学内容，形成合理的课程体系；在课程教学中，要加强学生实践能力的培养，让学生动口能说，动手能做，缩短岗位适任周期（徐仁风，2012）。

综上所述，通过从以上六个方面对“文献内容”的研究分析，我们认为，商务英语课程体系与课程设置直接反映了培养目标定位、专业内涵、培养规格、质量标准的本质要求，体现了专业教育思想和培养实现途径，决定着专业教育是学科型还是实用性，是以理论教学为主还是理论教学与实践教学紧密结合，是英语与商务内涵统一还是二者简单拼凑。没有规范科学的课程体系与教学模式，人才培养规格与质量就会失去保障，专业培养目标的实现就无从谈起。依据人才需求变化、专业发展现状研究课程设置与教学模式，才能真正体现商务英语专业特色与学科专业的社会价值。

2.7 关于《高等学校商务英语专业本科教学质量国家标准》的解读

《高等学校商务英语专业本科教学质量国家标准》即将颁布执行，这是商务英语专业发展历程中具有里程碑意义的事件，对于商务英语专业发展和商务英语课程体系建设具有积极的推动作用。下文为对外经济贸易大学王立非教授在2014年第十一届全国国际商务英语研讨会上所做的“商务英语专业本科教学质量国家标准设计及解读”主旨发言的PPT内容，我们转录如下，供大家参考研究。

2.7.1 商务英语的发展

（1）商务英语2012年成为目录内基本专业，专业代码050262；

（2）2014年，已有216所高校开设商务英语专业；现有308所1999年普通升格本科高校和287所独立学院开设商务英语专业；

（3）目前，商务英语专业已经覆盖了国内所有类型和层次的高校。

2.7.2 我国对外开放经济对商务英语人才的需求

在经济全球化的背景下，国际经济贸易呈现出往来的广泛性、多发性、多层次性、多样性等特征，且频繁度激增（曹德春，2014）。主要有：

（1）一般进出口贸易；

（2）中外合资商务谈判；

（3）国有和民营企业的海外并购、收购、投资；

（4）银行和金融机构间的国际结算、国际投融资；

（5）中外政府间的商务谈判、国家形象塑造与营销、地方政府海外招商；

（6）各类企业的海外上市；

（7）WTO、IMF、WB、UN、贸易发展组织、亚洲银行等国际组织的商务工作；

（8）跨国企业的公共关系维护、公关危机处理；

（9）国家部委、省市商务部门的涉外工作；

（10）国际会计事务所不同会计准则之间相互转换与语言表达问题；

（11）律师事务所的跨国诉讼、并购、海外维权的商务法律谈判与文件起草等；

（12）工程的国际招标与建设；

（13）出入境旅游导游、旅游城市（景区）的国际营销。

2.7.3 《高等学校商务英语专业本科教学质量国家标准》出台的指导思想

（1）分类卓越；

（2）分层卓越。

2.7.4 《高等学校商务英语专业本科教学质量国家标准》

该标准由教育部组织编制，是商务英语本科专业准入、建设和评价的依据；本标准适用于各类高等学校的商务英语本科专业。各高等学校应根据本标准、相关行业标准和人才需求，制订本校商务英语专业培养方案。本标准适用于各类高等学校的商务英语本科专业。学制4年，授予文学学士学位，专业代码为050262。

2.7.4.1 商务英语专业的培养目标

基本功、人文素养、国际化、复合型、应用性。

商务英语专业旨在培养英语基本功扎实，具有国际视野和人文素养，掌握语言学、经济学、管理学、法学（国际商法）等相关基础理论与知识，熟悉国际商务的通行规则和惯例，具备英语应用能力、商务实践能力、跨文化交流能力、思辨与创新能力、自主学习能力，能从事国际商务工作的复合型、应用型人才。

2.7.4.2 商务英语人才的素质要求

5种素质：思想素质、文化素质、专业素质、职业素质、身心素质。商务英语专业学生应具有高尚品德、人文与科学素养、国际视野、社会责任感、敬业与合作精神、创新创业精神、健康的身心。

2.7.4.3 商务英语专业知识要求

表2.7　商务英语专业知识构成

分　类	知 识 描 述
语言知识	语音知识、词汇知识、语法知识、语篇知识、语用知识等
商务知识	经济学知识、管理学知识、国际商法知识、国际金融知识、人力资源管理知识、财务管理知识、商务操作规程、信息技术知识等
跨文化知识	外国文学知识、欧美文化知识、商业文化知识、中国文化知识等
人文社科知识	区域国别知识、国际政治知识、世界历史知识、世界宗教知识、外交外事知识等
跨学科知识	交叉学科知识、学科整合知识等

表2.8　商务英语专业能力要求

分类	分项	能力描述
英语应用能力	语言组织能力	语音语调识读能力、词汇拼读能力、造句能力、谋篇能力等
	语言运用能力	听、说、读、写、译技能、语用能力、纠误能力等
	语言学习能力	调控策略、学习策略、社交策略等
跨文化交际能力	跨文化交际能力	跨文化思维能力、跨文化适应能力、跨文化沟通能力等
	跨文化商务交际能力	沟通能力、商务能力、跨文化能力
商务实践能力	通用商务技能	办公文秘技能、信息调研技能、公共演讲技能、商务礼仪技能等
	专业商务技能	商务谈判技能、贸易实务技能、电子商务技能、市场营销技能、人力资源管理技能、财务管理技能等
思辨与创新能力	认知能力	理解、推理、评价、分析、解释、自我调控、精确性、相关性、逻辑性、深刻性、灵活性等
	情感调适能力	好奇、开放、自信、坚毅、开朗、公正、诚实、谦虚、好学、包容等
自主学习能力	学科自学能力	自我规划能力、自我决策能力、自我监控能力、自我评价能力

2.7.4.4　商务英语专业课程体系

商务英语专业课程体系包括公共课程、专业核心课程、专业方向课程、实践环节、毕业论文五个部分。课程总学分不低于150学分，总学时不低于2 500学时。四年的专业课程总学分不低于100学分或1 600学时（公共课程除外）。毕业论文与实习/实践不计人总学时。

2.7.4.5　课程结构要求

公共课程：参照教育部和外语类专业国家标准的要求设置。

专业核心课程：按四大模块设置，各模块占专业课总学时的比例为：

（1）语言知识与技能课程模块为50%～60%；

（2）商务知识与技能课程模块为25%～35%；

（3）跨文化交际课程模块为5%～10%；

（4）人文素养课程模块为5%～10%。

表2.9　商务英语专业核心课程要求

课程模块	专业核心课程	门数	占专业课比例
	实用英语语音、英语语法实练	2	50%～60%
英语知识与技能	综合商务英语、商务英语听说、商务英语阅读、商务英语写作、商务翻译	5	
商务知识与技能	经济学导论、管理学导论、国际商法导论、国际营销概论	4	25%～35%
	国际贸易实务、国际商务谈判、实用电子商务	3	
跨文化交际	跨文化商务交际导论、英语演讲	2	5%～10%
人文素养	英美概况、英美文学选读、欧美文化概论	3	5%～10%
专业实习/实践			不计入总学时
毕业论文/设计			

2.7.4.6　专业方向课程要求

专业方向课程按必修和选修设置，突出商务知识与技能、跨文化商务交际、人文素养等类别。各高等学校根据培养规格、专业特色和行业需求，自主设置和动态调整。

2.7.4.7　实践（实验）教学要求

实践环节涵盖实训、实践和实习，占总学分的10%～25%（不包括教育部规定的社会实践学分），由专业教师和行业专家共同指导完成。鼓励学生取得外贸、金融、会计、人力资源管理、财务管理、司法等行业资格证书。

专业实训在商务实训室等模拟仿真教学环境中操练外贸、金融、财务、营销、法律等实务流程。专业实践在第二课堂活动（如商业创意、商务谈判、商务技能等类比赛）和涉外商务活动（如经贸洽谈、招商引资、商品会展等）等课外环境中完成。专业实习在已签约或定点的校外实习基地集中实施或自主完成。

2.7.4.8 毕业论文要求

毕业论文重点考察学生商务英语和专业知识的综合运用以及实践与创新能力。毕业论文可采用实践类或学术类形式，要求符合行业或学术规范，用英语撰写，正文长度不少于5 000词。

实践类包含项目报告（如商业计划、营销方案、案例分析、翻译及评述等）和调研报告（如企业、行业、市场调研分析等）。对实践类毕业论文的指导和考核应有企业或行业专家参与。

2.7.4.9 教学与评价要求

教学要求：商务英语专业教学应按纲施教，因材施教，合理运用教学方法和教育技术，注重学生的思想品德、英语基本功、人文与科学素养、国际视野、商务知识、创新创业能力等方面的培养。

评价要求：商务英语教学评价应注重形成性与终结性相结合，重点评价学生的素质、知识和能力，教师的职业道德、教研能力、实践能力等以及专业教学的各个环节。

2.7.4.10 商务英语师资结构要求

商务英语专业的学生与老师比例不超过18：1。教师的年龄、学历、职称、专业等结构合理，一般应具有硕上以上学位，能满足教学需要。专业教师中语言类、商务类、实践类师资的大体比例为6：3：1，商务类教师除英语能力合格外，其本科、硕士或博士学历中至少有一个应为经济、管理或法律类专业。实践类教师从行业专家中兼职聘请。还需聘有外籍教师。

2.7.4.11 商务英语教师素质要求

应师德高尚，具备合格的英语基本功、专业知识、教学能力、科研能力、实践能力，运用现代教育信息技术，开展课堂教学与教学改革。

2.7.4.12 教师发展要求

商务英语专业应制订教师发展规划，通过学历教育、国内外进修和学术交流、行业兼职或挂职等方式，不断更新教师的教育观念和知识结构，提高理论素养、教研水平和实践能力。

2.7.4.13 商务英语专业教学条件要求

教学设施：商务英语专业应配备足够数量的教学设备、教室、设施，实务流程和环境符合实训要求，安排专人日常管理和维护。

图书资料：外语、商务、人文、科技类的中外文专业图书期刊、电子数据库、工具书等符合要求，能满足学生的学习和教师教学科研的需要。

网络资源：网络系统和网络资源完备，能满足日常的专业学习、网络教学和课件开发等需要。经费投入：经费投入有保障，能满足本专业发展的需要。

2.7.4.14 内涵与特色建设重点

人才培养模式改革

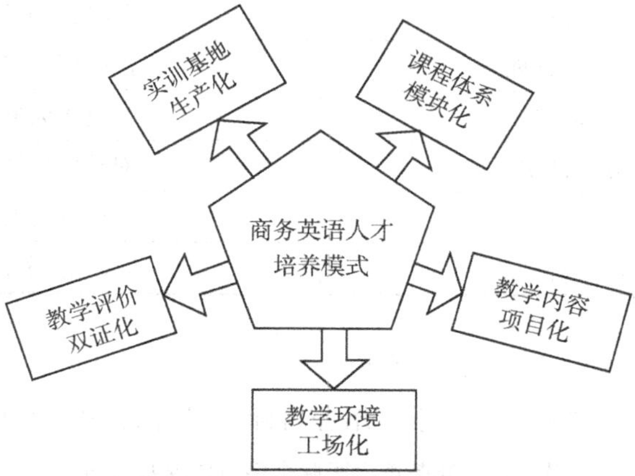

图2.1 商务英语人才培养模式

2.7.4.15 特色方向与证书

依托各校学科特色和优势设置专业方向：①国际贸易；②国际金融；③国际会计；④知识产权；⑤国际经济法；⑥国际营销；⑦商务管理。课程中嵌入职业资格证书核心课程：①国际贸易师资格证书；②国际金融分析师资格证书；③国际会计师资格证书；④司法考试证书。

2.7.4.16 课程设置

（1）商务英语（国际商务方向）

适合范围：多数二本、三本高校。培养目标：涉外企业的国际商务人员。

表2.10商务英语国际商务方向课程设置

国际经济学	跨文化商务沟通
国际企业管理	电子商务实务
国际商法	国际金融
国际营销学	国际贸易实务
商务英语阅读	商务英语写作、翻译

（2）商务英语（国际贸易方向）

适合范围：多数二本、三本高校。培养目标：外企的国际贸易业务员、外贸公司的业务员。

表2.11　商务英语国际贸易方向课程设置

国际经济学	跨文化商务沟通
国际企业管理	国际贸易实务
国际商法	电子商务
国际营销学	对外贸易概论
	国际物流
国际经济学	跨文化商务沟通

（3）商务英语（国际金融方向）

适合范围：一般财经类大学。培养目标：银行的国际金融业务人员。

表2.12　商务英语国际金融方向课程设置

国际经济学	跨文化商务沟通
国际企业管理	国际金融概论
国际商法	国际投资概论
国际营销学	国际结算
商务英语阅读与写作	电子银行

（4）商务英语（国际财经方向）

适合范围：重点财经类大学。培养目标：麦肯锡、高盛、瑞银、摩根—斯坦利等著名跨国投资、证券公司及管理咨询公司的业务人员。

表2.13　商务英语国际财经方向课程设置

国际经济学	跨文化商务沟通
国际企业管理	财政学原理
国际商法	货币银行学
国际营销学	投资银行学
商务英语阅读与写作	管理咨询概论

（5）商务英语（国际会计方向）

适合范围：高端财经类大学。培养目标：德勤、毕马威、安永、普华永道等知名国际会计事务所业务人员。

表2.14　商务英语国际会计方向课程设置

国际经济学	跨文化商务沟通
国际企业管理	会计学
国际商法	统计学原理
国际营销学	财务管理
商务英语阅读	国际会计证书 ACCA，CIMA

（6）商务英语（人力资源管理方向）

适合范围：二、三本经贸类高校。培养目标：外企的人力资源管理人员。

表2.15　商务英语人力资源管理方向课程设置

国际经济学	跨文化商务沟通
国际企业管理	人力资源管理
劳动法学	财务管理
组织行为学	劳动经济学
商务英语写作	统计学

（7）商务英语（国际旅游方向）

适合范围：位于北京、上海、西安等出入境旅游发达地区的高校。培养目标：中国国际旅行社等高端旅行社的高层次国际导游，北京、上海、西安等国际知名旅游城市及旅游景区的国际市场推广、营销人员。

表2.16 商务英语国际旅游方向课程设置

国际经济学	跨文化商务沟通
国际企业管理	旅游学概论
国际商法	国际导游实务
国际营销学	酒店管理概论
商务英语阅读	旅游与会展经济概论

（8）商务英语（国际公务员方向）

适合范围：高端外语外贸类大学。培养目标：WTO、货币基金组织、亚洲银行等跨国组织及跨国公司工作人员。

表2.17 商务英语国际公务员方向课程设置

国际经济学	跨文化商务沟通
国际企业管理	跨国企业概论
国际商法	中外企业比较
国际营销学	外国商情概论
商务英语阅读与写作	管理沟通

（9））商务英语（涉外公关方向）

适合范围：外语外经贸类大学。培养目标：中央外宣办、各省市外宣办、旅游局的公务员、翻译，奥美Ogilvy等著名国际公关公司业务人员。

表2.18 商务英语涉外公关方向课程设置

国际经济学	跨文化商务沟通
国际企业管理	国际公共关系概论
国际商法	整合营销传播
国际营销学	国际新闻概论
商务英语阅读	国际商务礼仪

（10）商务英语（国际营销方向）

适合范围：外语外经贸类大学。培养目标：外企营销业务员。

表2.19 商务英语国际营销方向课程设置

国际经济学	跨文化商务沟通
国际企业管理	国际公共关系概论
统计学原理	广告学
国际营销学	消费心理学
商务谈判	国际商务礼仪

（11）商务英语（涉外商务法律方向）

适合范围：财经政法类大学。培养目标：国际仲裁委员会工作人员，国际知名律师事务所、跨国公司法律部门、国企法律部涉外业务。

表2.20 商务英语涉外商务法律方向课程设置

国际经济学	跨文化商务沟通
国际企业管理	成文法概论（大陆法系）
国际商法	案例法概论（英美法系）
国际营销学	中外法律比较
商务法律写作与翻译	法律语言学

（12）商务英语（国际文化产业方向）

适合范围：财经政法类大学。培养目标：国际仲裁委员会工作人员，国际知名律师事务所、跨国公司法律部门、国企法律部涉外业务。

表2.21 商务英语国际文化产业方向课程设置

国际经济学	跨文化商务沟通
国际企业管理	文化传播学
产业经济学	广告学
国际商法	商务谈判
商务英语写作	文化贸易学

（13）商务英语（国际工程方向）

适合范围：工科类大学。培养目标：国际工程招标公司业务员，国际工程项目管理。

表2.22　商务英语国际工程方向课程设置

国际经济学	跨文化商务沟通
国际企业管理	FIDIC合同
国际商法	国际工程项目管理
国际营销学	石油英语阅读
商务英语阅读与写作	石油工程学概论

（14）专业内涵与特色建设重点

核心课程改革：①综合商务英语课程，②商务写作/翻译课程，③口译/演讲/谈判课程，④商务模拟实训类课程，⑤跨文化商务交际课程。

专业内涵与特色建设重点：①教学观念与手段改革：向说写译谈沟通技能转变；向技能与专业内容结合转变；向ESP/CBI/CASE/GBT教学转变；向基于MOOC和机辅实训教学转变。②第二课堂改革：国际商务谈判大赛、国际商务实践大赛、商务英语技能大赛、国际商务案例分析大赛、国际营销创意大赛。③师资队伍改革：商务意识与素养、商务相关知识、商务教学能力、商务实践能力、商务科研能力。

2.7.5　商务/经济研究参考媒体和刊物

（1）书面语可参考以下资料：经济学家、金融时报、商业周刊、华尔街日报、哈佛商业评论、财富杂志等经管类学术期刊专著的语言。财经媒体：BLOOMBERG（彭博社）、BBC、CNN、CCTV9等。著名网站：WTO、WB、IMF、亚行、UN贸发组织、UN工发组织、美国商务部官网、欧盟、中国商务部等、达沃斯论坛、博鳌论坛等。世界500强企业官网、企业年报、投资报告、经济褐皮书等。

（2）口头话语可参考：公司总裁演讲、商务官员演讲、微软苹果产品发布会、企业新闻发布会。

（3）商务英语教师学养丛书，全国商务英语专业教学协作组重点推荐师资参考书：《专门用途英语课程的设置》、《法律英语的传统与变革》、《商务媒体话语中的隐喻与性别》、《商务会议语言》、《会话分析与专门用途语言》等等。

第3章　商务英语课程体系综述

3.1　商务英语主要理论学派

商务英语作为一门新兴交叉学科，其“跨文化、跨语言、跨学科”的交叉学科特质给学科的教学理论研究提出了种种挑战。就学科体系总体研究状况而言，商务英语学远非一门成熟的学科，学科建设中的诸多问题亟待研究。由于办学层次、教学背景、教学观等方面的差异，在商务英语专业办学规模迅速扩张的情况下，商务英语课程体系设置缺乏规划性和系统性的问题日益突出，成为严重制约商务英语学科持续健康发展的瓶颈。因此，在科学的理论指导下，创建具有商务英语自身特色的规范化和科学化的课程体系，学科建设和教学实践给我们提出了现实的研究课题。

“理论是学科的立足之本。理论的目的在于寻找规律，解释实践。商务英语课程体系设置必须具备理论支撑。理论是系统化的理性认识，是对研究的客观对象的本质及其与周围相关环境的相互联系、相互作用中表现出来的规律性进行理性思维和高度抽象的结果”（翁风翔，2009）。“教学思想是课程体系的理论基础，是指导课程体系的理论核心，是课程体系的灵魂和精髓，它决定着课程体系的方向性和独特性。它在课程体系结构中既自成独立因素，又渗透或蕴涵在其他各个因素之中。其他因素都是依据理论基础而建立的。鉴别一个课程体系成熟的程度，一般从其理论基础中即可窥见一斑”（方林，2012）。由此可见，商务英语理论基础在创建自身课程体系中的重要意义。

商务英语课程体系既是一个综合的教学系统，也是一个完整的教学全过程，其涉及教学理念、教学理论、教学原则、教学设计、教学程序、教学结构、教学策略、教学内容、教学方法、教学手段、教学效果、师资素质等，并由“理论基础”、“培养目标”、“课程设置”、“教材建设”、“评价机制”等5个要素，构成一个完整的课程体系的基本结构。商务英语体系中的各个要素由于自身功能定位的不同，其相关理论支撑也有所不同；如培养目标主要的理论依据是“需求分析理论”和“人力资本理论”；课程设置主要的理论依据是“二语习理论”、“需求分析理论”、“ESP理论”、“建构主义理论”等；教材建设主要的理论依据是“需求分析理论”、“CBI理论”、“以学生为中心理论”等；评价机制主要的理论依据是“需求分析理论”、“自主学习理论”、“任务型教学”等等。这些理论在课程体系各个要素功能点发挥着指导作用，并和商务英语教学理论结合在一起，成为研究商务英语课程体系的理论基础。

由于国内商务英语教学界还没有形成一个被普遍接受的课程架构体系，商务英语课程体系理论研究还处于探索创立的阶段。又因为商务英语具有交叉学科的特征，其课程设置常常呈现出多元化、多样化的特点，所以要主观地界定一种或几种教学理论作为商务英语课程体系的理论基础，既不符合商务英语教学实际情况，也不符合商务英语课程体系建设的内在规律。教学理论紧密联系教学实际，多种教学理论相结合，有的放矢地运用相关理论进行课程体系的研究，就是我们构建商务英语课程体系的基本思路。我们在此介绍商务英语主要理论学派以及相关的概念、理念和方法，为大家提供理论参考。

3.1.1 ESP理论

ESP是在应用语言学基础上发展起来的一种教学理念。ESP的全称是English for Specific Purposes，中文翻译为专门用途英语。ESP是一门新兴的边缘交叉学科，发展于20世纪60年代。由于人们在科学、技术、经济、文化等方面的交往日益扩大，ESP逐渐得到语言学界专家学者的关注。

1. Waters（1987）对ESP进行了权威界定：ESP是一种教学方式，其内容和方法都是基于学习者的学习缘由。Strevens（1988）的定义也被普遍引用，他把ESP和普通英语（General English简称GE）看作一对相对独立的概念，认为ESP课程有明确的教学目标、教学内容和交际需要。提出了专门用途英语教学的四个特征：①满足特定学习者的需要；②内容上与特定专业和职业相关；③词汇、句法和语篇等方面与特定专业和职业相关活动的语言运用相关；④与普通英语形成对照。

商务英语从理论到实践不断发展，逐步形成一门交叉学科，建立了自己的独立学科体系——EBP商务用途英语（English for Business Purpose）。商务英语是以英语为媒介、以商务知识和技能为核心的一种ESP（Dudley-Evans et al，1998；Bargiela-Chiappini 2012），其学科理论基础来自应用语言学、专门用途外语、跨文化交际学、话语分析等；研究对象是商务话语、商务活动和商务文化；研究方法借用社会科学和商学的方法，如定性定量统计、话语分析、案例分析等；研究队伍是商务英语教师以及国际商务从业人员。

根据国内外的教学实践，ESP的基本教学原则概括为：

（1）真实性原则。Coffey（1984）提出“真实的语篇”（authentic texts）加上“真实的学习任务”（authentic tasks）才能体现ESP教学的特色。真实性（authenticity）是ESP教学的灵魂。

（2）需求分析原则。Johnson（2001）认为学习者的语言需要在ESP中较容易确认，这是ESP引人注目的特色之一。据此，需求分析理论是制定ESP教学大纲、编写ESP教材的基础。在ESP教学领域，需求分析包括两方面的内容：一是目标需求的分析，即分析学习者将来必然遇到的交际情景；二是分析学习者的学习需求，包括缺乏哪些技能和知识以及学习方法。

（3）以学生为中心的原则。Strevens（1998）在ESP国际讨论会上发言，提出“教育的重心正日益转向学生本人，包括他的需求、他的学习方式和他对学习过程的认知和理解，在某种程度上，可以说教育已摆脱了以教师为中心的教学方法”。ESP教学必须以学生为中心，这是由ESP本身的属性决定的（周梅，2010）。ESP具有鲜明的目标性，其学习者多为高年级学生或成人，教学大纲和教材都是建立在学生将来工作需求的基础上，所以这些因素决定了它的教学过程必须以学生为中心（王友良，2010）。

2. Strevens曾指出ESP教无定法，可采取任何一种适用的教学方法，教师均可采用情景教学法、交际教学法、案例教学法、任务型教学法和建构主义指导下的自主学习等教学法（王瑾等，2013）。教学方法可以根据ESP特性进行选择，主要有三种教学模式。

（1）以教师为中心的教学模式。以教师为中心，顾名思义，就是在整个教学过程当中，虽然教学的四个要素，即教师、学生、教学内容和教学媒体各有分工，互有侧重，但始终围绕教师这个教学要素中心（王瑾，2014）。在这种模式当中，教师始终是课堂教学的重心，是知识的传授者、灌输者。他控制课堂教学的内容和节奏，决定使用的教学方法和教学媒体，对学生、教学内容和教学媒体三个教学要素的影响一直是单向的，而且有着绝对的权威。在这种模式下，学生是教师灌输知识的对象，一般情况下，ESP课程并不适合采用以教师为中心的教学模式。

（2）以学生为中心的模式。根据Peter Strevens（1988）以学生为中心的理论，就是在整个教学过程当中，学生成为四个教学要素的中心；教师、教学内容和教学媒体都是为学生服务的。陈坚林（2005）认为，以学生为中心，就是把学生看成是外语教学的主体，是知识的主动构建者。以学生为中心的教学模式强调学生是学习过程的主体，是知识的主动建构者，可以充分激发学生积极探索、主动发现的学习兴趣和热情，有利于学生创新思维和应用能力的培养。

鉴于上述两种模式的各自特点，在具体的教学模式设计过程中，教师应该综合运用两种模式，注意优势互补、扬长避短，充分发挥各自的长处。因此，在计算机多媒体和信息网络技术的支持下，教师主导、学生主体的教学设计模式也就应运而生。

（3）教师主导、学生主体模式。教师主导、学生主体的教学设计模式，有时也被称为双主模式，是“以学生为中心”教学模式和“以教师为中心”教学模式的优势综合。它吸收两者的优势和长处，摒弃它们的缺点和不足。陈坚林（2005）认为，计算机网络与外语课程整合不仅可以创设理想的教学环境，更重要的是使教学结构体系发生根本变化。传统的以“教”为中心的教学结构转变为“学教”并重的教学结构，即教师主导—学生主体的教学结构，教学过程中的四个教学要素之间的关系也产生相应的变化（王瑾，2014）。

3.1.2　二语习得理论

第二语言习得是指人们逐步提高第二语言水平的过程。人们对这种过程进行研究，期望从中得到对外语的教与学有用的知识和启示（舒白梅，2005）。美国学者Krashen提出语言习得理论，“即第二语言发展监控模式”中的语言输入说和Swain的输入假设说以及自然习得理论，这三个理论对商务英语全英教学模式有较大启示意义。

全英教学理念源自北美盛行的浸泡教学法。它与传统的语言教学法最大的不同，在于它将目标语（L2）作为媒介来教授非语言课程。目标语的学习成为对学科学习的附带习得。许多学者对这种模式的教学成果进行大量的调查研究，结果表明学生的二语水平，特别是在接受性技能（receptive skills）方面得到很大提高，另外，学生在文化意识和社会语言能力方面也得到了发展（Kinberg，2011），证明浸泡式教学是一种行之有效的教学模式。

浸泡法的理论基础是自然习得理论（the Natural Approach）和Krashen的输入假设（the Input Hypothesis）。自然习得理论认为在以意义交流为目的的自然社会和学术环境中的语言学习是最有成效的。Krashen在80年代提出的输入假设中指出，语言的习得是通过学习者接受了大量的比当前自身能力水平略高的可理解性输入（comprehensible input）而获得的（Larsen-Freeman et al，2000）。浸泡教学法就是为学生创造一个自然的学习环境，提供充足的可理解语言材料，让学生以目标语为媒介进行交际活动，以获得第二语言的自然习得。

任务型教学模式的理论基础来自Krashen的“输入与互动假设”。任务型教学的特点是“以学生为中心，在做中学”。该模式认为通过伙伴合作、协商完成学习任务的过程充满反思和顿悟。它要求教师根据学生的不同水平设计不同的任务活动，让学生通过与学习伙伴合作去完成任务，从而最大限度地调动和发挥学生的内在潜力；提高学生发现问题和解决问题的能力，培养学生与他人共处的合作精神和参与意识，让学生在完成任务的过程中体验成功的喜悦和自我价值的实现。任务型教学极能体现学生的主体性，是有效改变以往以教师讲授为主，学生极少有机会使用目标语进行交际的教学现状的最佳途径之一（Nunan，1989）。

3.1.3 需求分析理论

在经济界，需求分析被广泛应用，常见在市场分析和消费者的需求分析中，并形成较为成熟的运行模式。需求分析是采集数据进行分类整理的过程，且多数与机构利益相关。另一种说法是，需求分析是在找寻现实与期望之间差距的过程；而哈莱斯的观点则是，需求分析是寻找解决问题的具体方法（徐英俊，2001）。

由上可知，学习需求分析是在教学过程中，通过大量实证分析后，发现问题，从而论证解决问题的调查和研究过程。该项分析的最终目的是找出现实与期望之间的差距，以此来设计和规划解决方案，实现最终目标。要求教育工作者，以学生为研究对象，采用正确、科学的方式采集信息，了解学生的学习需求和缺失，以明确教育现状和达成目标间的差距，制定对策，弥补差距。这就是学习需求分析。

需求分析在外语教学中处于“核心”地位，外语教学过程的每一个环节均离不开外语需求分析的指导。目前，在设置一门外语课程时，需求分析已成为不可缺少的启动步骤。通过需求分析，课程设置者能够了解外语学习者的学习背景、现有外语水平与希望之间的差距，了解学习者学习课程内容和掌握外语技能的需求，从而为外语课程设置的必要性论证提供可靠信息。在论证之后，外语需求分析亦能让课程设置有的放矢地制定教学目标、教学大纲而适时安排教学（王瑾，2014）。

需求分析理论指导的项目式教学模式，在职业教育领域得到普遍推广。

项目教学的指导思想是将一个相对独立的任务项目交予学生独立完成，从信息的收集、方案的设计与实施，到完成后的评价，都由学生具体负责。教师起到咨询、指导与解答疑难的作用。通过一个个具体的项目，使所有学生能够了解和把握完成项目的每一个环节的基本要求与整个过程的重点、难点（向晓，2013）。

3.1.4　建构主义理论

建构主义强调"以学生为中心"的三要素：让学生在学习过程中充分发挥主动性；让学生在不同的情景下使用所学到的知识；让学生根据自身行动的反馈信息来形成对客观事物的认识和解决实际问题的能力。

建构主义语言学认为，语言存在于言语之中，言语就是在特定的语境中为完成交际任务对语言的使用，包括言语活动过程及其产生的话语。实践教学中通过各环节的教学设计，创设生动、仿真、接近实际的商务活动情境，可以有效地激发联想，使学习者利用自己原有认知结构中的有关知识与经验去同化当前学习到的新知识，赋予新知识以某种意义，为提取长时记忆中的知识、经验与表象创造有利条件（舒亚莲，2013）。建构主义理论的内容很丰富，但其核心只用一句话就可以概括：以学生为中心，强调学生对知识的主动探索、主动发现和对所学知识意义的主动建构。

在建构主义学习理论影响下形成了认知学徒教学模式。认知学徒模式被许多研究者视为建构主义教学的一个重要的模式。建构主义学习理论认为，知识不是通过教师传授得到的，而是学习者在一定的情境即社会文化背景下，通过人际间的协作活动而实现的意义建构过程。因此建构主义学习理论认为，"情境"、"协作"、"交流"和"意义建构"是学习环境中的四大要素或四大属性。学习是在一定的情境下，借助人与人之间的协助活动而实现的意义构建过程（王瑾，2014）。在建构主义理论体系中，交互性网络不仅为学习者提供丰富多彩的学习资料，为其学习的主动性提供必要的支持，而且为学习者之间的合作与交流提供了方便，加强了学习者之间的协助性以及老师与学生之间的互动性，从而提高了学习者的认知能力和语用能力。

3.1.5 自主学习理论

自主学习是以建构主义认知心理学为基础发展而来的。自主学习主要具备以下三个特征：能动性、有效性和相对独立性。自主学习作为一种个性化学习，体现了建构主义理论关于学习者在已有知识基础上创建个人意义的理念。自主学习是学习者完全对自己与学习有关的决定负责并实施这些决定的行为（Dickinson，1987）。Little（1991）将自主学习看作学习者对学习内容和过程的心理反应。他认为，自主学习应涉及五个方面的内容：确立目标，确定学习内容，运用合适的学习方法，控制适合自己的时间、地点和进度，评价学习结果。

Piaget所提出的建构主义理论强调人类的知识不是纯客观的；不是他人传授的，而是自己建构的；不是独自形成的，而是在与外部环境的交互过程中形成的；教学要以学生为中心，要给学生控制和管理自己学习的权利和机会；教学设计者的主要任务是设计学生的学习环境，为学生创造有利的学习条件（黄秀红，2007）。

针对中国国情，束定芳（2004）指出，英语自主学习的主要包括：①态度（attitude），学习者自愿采取积极的态度对待自己的学习；②能力（capacity），学习者应该培养这种能力和学习策略，以便独立完成自己的学习任务；③环境（environment），应该给予学习者大量的机会去锻炼自己，拥有自己负责自己学习的能力。如果没有外部的环境，如老师、教学设备和学习资料等，培养学习者自主学习的态度和能力是不可能的。

商务英语的实践教学能提供重要的学习“环境”，创造商务英语第二课堂，使学生在实际工作中运用英语，是实践教学模式的主要内容之一。它以其独特的、丰富的学习平台，为学生英语自主学习创造了前所未有的条件，为培养学生自主学习能力提供了更为广阔的空间。

3.1.6 CBI理论

国际上流行的CBI教学法，也被称为“内容本体教学”或“依托式外语教学”（袁平华，2006），即把内容与语言结合起来进行教学（常俊跃，2008）。CBI理论的核心是，如果语言教学能基于某个学科知识来进行，将外语学习同内容有机地结合起来，教学效率往往会大大提高。Stryker

Leaver（1997）认为当语言教学与学科教学相结合时，当语言作为学习学科知识的媒介时，便产生了最理想的外语或二语学习条件。这是因为，当学生的注意力集中在内容上，把目标语作为工具来探索知识，这时的学习状态最接近于母语学习，因此效率也就越高。即，①关注内容可以把形式学习的焦虑感降到了最低程度；②内容学习大大增加了可理解的输入量；③它极大地调动了学生学习的兴趣和积极性。学生就学科内容或是感兴趣的话题进行真实且广泛的交流最能促进二语习得；④高层次的认知活动有利于语言水平的进一步提高，学习者把英语和一门学科结合起来学习。

根据教学目标的差异，基于CBI教学理念有多种教学模式，常见的有以下四种：

（1）主题模式（theme-based model）。主题模式教学是围绕学生感兴趣的主题选择教学材料，以语言技能学习为主。结合听、说、读、写，包括语法在内的各项语言技能开展综合训练；使学生在获取新信息的过程中，提高语言水平，增强语言技能。教学对象为旨在提高外语水平的群体，课程由语言教师来担任。

（2）课程模式（sheltered model）。课程教学模式以目标语编写各类专业课程教材，学生主要是学习科学知识；同时习得语言能力。教学对象为有学术和科研要求的群体，学生语言能力要求在中等或中等以上，课程由专业教师来担任。

（3）专题模式（special model）。专题模式课程的教学材料来自实际工作岗位，用于职业或团体的培训。教学对象为在岗人员、职业院校学生、有学术研究任务的人员等，课程既可由专业教师担任，也可由外语教师担任。

（4）辅助模式（adjunct model）。辅助模式意在让学生借助语言知识掌握专业知识，并提高语言水平。同时开设语言课和专业课，由专业教师和语言教师共同承担，语言课程为专业课程服务，帮助学生学习专业课所需的语言知识（王瑾，2014）。

3.1.7 PBL理论

基于问题的学习（problem-based learning，简称PBL）教学理论，PBL主张在教学中设置复杂而有意义的问题情境，通过学习者的自主探究和协调合作来解决问题，学习隐藏于问题背后的知识，培养学生分析问题、解决问题、自主学习及与他人协作的能力。作为一种启发式教学模式，PBL强调学习的过程是学生主动探究的过程，而不是被动地接受传递的知识。教师的作用是要形成一种学生能够独立探究的情境。教师应设置具有明确目的性与适当知识范围的问题，在课堂讨论中积极引导、鼓励学生进行有效思考。商务英语课程的教学目的是提升学生对商务英语语言的认知度和熟练度，提高学生在各种商务情境下英语表达的流畅度和适宜性（冯时，2013）以及在商务真实语境中解决问题的能力。

3.1.8 国际商务双语课程教学

双语教学作为我国高等院校教学改革的方向，在教学和课程改革中，作为一种培养良好外语应用能力的教学手段，成为一种时兴热门的教学方式。双语教学是指同时使用汉语或外语进行课堂教学的一种教学方式。这种教学要求板书用外语，课堂教授部分使用外语，部分使用汉语。全英教学和双语教学两种教学模式的共同点是，所使用的教材均必须是外国优秀教材或自编商务英语教材。

“实践型双语课程教学”是近年来教育界提出的双语教学模式新构想。此模式分为四个部分，这四个部分组合成商务专业双语课程的教学模式与实践内容。“实践型双语课程教学”是双语教学的新构想和发展方向，它通过案例教学与设置实验环节突出双语课程的专业特点和实用性，目的是明确双语课与类似英语课程的区别，并加强对学生实际动手能力的训练。

商务英语专业全英教学和双语模式趋于多样化，如商科专业主修＋商务英语辅修制，商务英语主修十商科课程辅修制，商务英语专业＋其他专业双学位制等。商务英语专业全英教学的范围包括全英教学试点班和全英语教学课程，如华中科技大学规定，全英教学试点班的学生除“两课”和体育课程以外，其他所有课程都进行全英语教学。

3.1.9　多模态商务英语教学理论

多模态教学的概念是由新伦敦学派在1996年提出的一种教学理论，主张利用多种渠道、多种教学手段来调动学生的多种感官协同运作参与语言学习，培养学生的多元读写能力，以达到加深印象、强化记忆、提高教学效果的目的。

多模态商务英语教学指教师和学生在商务英语教学过程中，通过多媒体的使用，充分调动视觉、听觉和触觉等多种模态传递和接收信息。在商务英语课堂上，教师可采用视频、录音、图画、图表、实物、道具等方式传递信息，模拟真实的商务交际活动，引导学生通过多种感官通道获取、加工课堂上所提供的各类与语篇信息相关的语言和非语言信息。

3.1.10　交际语言教学理论

交际语言教学的核心思想就是培养学生的交际能力，在外语课堂教学中表现为重视培养学生实际运用语言的能力。该理论认为教学必须紧密结合语境，使学生掌握语言使用的场合和涉及的有关语言的文化背景知识，让学生结合语境或上下文去理解某一词语，学会运用某种表达法。它不同于局限于句内语法结构、偏重知识传授的传统教学。交际语言教学打破了句子的界线，注重讲解句子之间、段落之间以及整篇文章内在的联系，使学生不但了解语言形式上的连接（cohesion），更要懂得语言意义上的连贯（coherence），避免传统教学“见树不见林”的弊端。学生由学习语法规则转为学习语言的使用规则，从而促进了语言运用能力的培养。

3.1.11　启发式教学理论

启发式教学鼓励学生通过自己的经验或发现进行学习。启发式教学的实质在于严格地遵循辩证唯物主义的认识论，从学生的实际需求出发，由教师有计划、有步骤地引导学生观察，通过学生独立思考学习知识，最重要的是启发学生自己主动地学习。比如在讲授语法规则时，引导学生在大量的语言实例中观察、对比、综合，然后进行实际运用。讲授课文时尽量启发学生多提出问题，然后讨论解决，激发学生的兴趣，引导学生思考。

3.1.12 关于商务英语教学模式

商务英语创造了具有学科特色的教学模式，如内容本体教学模式：即通过依托内容进行教学，将语言教学与学科教学相结合，教学效率往往会大大提高。情景教学模式：即通过运用设置情景法，把学生带到虚拟的商务情景中，使学生能触景生情很快进入角色，加深对知识的运用和操作。问答教学模式：即在教学中做到不仅老师可以提问，学生也可以提问；在问答教学模式中，老师和同学、同学和同学都会得到有益的启示，对于掌握知识和语言运用有着积极的意义。任务教学模式：即一种目的明确，以目标为导向的教学活动，对学习者而言是“任务式学习”，学生必须在与同学合作中完成学习任务。交际教学模式：即把交际能力的培养作为商务英语教学的主要目标，要求学生在特定的商务语境中创造性地使用语言，培养跨文化交际能力等等。

3.2 商务英语课程体系的主要特点

2000年，国家教委《高等学校英语专业英语教学大纲》（以下简称大纲）明确指出：高等学校英语专业培养具有扎实的英语语言基础和广博的文化知识，并能熟练地运用英语在外事、教育、经贸、文化、科技、军事等部门从事翻译、教学、管理、研究等工作的复合型英语人才。《大纲》提出英语专业必须开设三类课型：即英语专业技能、英语专业知识和相关专业知识课程。外语院校本科的专业设置，正在由语言、文学、翻译等以语言为主的传统专业，向包括国际经济和贸易、国际政治、国际法、国际传媒在内的人文社科其他领域发展，着力于培养国家和社会急需的精通外语的各类专业人才。大学用英语开设专业课，已经成为英语学科发展的共同趋势，并引发了英语教学模式和课程设置的深刻变革。

商务英语教学实证分析表明：商务英语专业学生外语素质较高，专业知识应用能力较强，毕业生就业前景较好。这些分析结论表明，商务英语课程设置特色鲜明，教学方法丰富多样，教学效果明显，发展前景广阔。“课程是对育人目标、教学内容、教学活动方式的规划和设计，是教学计划、教学大纲和教材全部内容及其实施过程的总和”（向晓，2013）。课程体系涉及教学全过程，是一个由课程体系诸要素组成的教学系统工程，如理论基础、培养目标、知识体系、教学内容、课程设置、教材建设、教学方法、师资素质、评价体系等。商务英语课程体系诸要素在教学实践中发挥了积极的作用，凸显了商务英语课程体系的鲜明特色。总结商务英语课程体系的特点，对于我们在教学理论指导下构建商务英语课程体系，具有重要的现实意义。

3.2.1 商务英语专业培养目标特点

由于社会对外语人才的需求已呈多元化的趋势，过去那种单一外语专业的基础技能型的人才不再适应市场经济的需要，市场对单纯语言文学专业毕业生的需求逐渐减少。商务英语专业从单科的“经院式”人才培养模式转向宽口径、应用型、复合型人才培养模式，“整个教学目标的基点是如何使受教学者具备从事某一特定的职业所必须的全部能力”（向晓，2013）。商务英语专业旨在培养英语基本功扎实，具有国际视野和人文素养，掌握语言学、经济学、管理学、法学（国际商法）等相关基础理论与知识，熟悉国际商务的通行规则和惯例，具备英语应用能力、商务实践能力、跨文化交流能力、思辨与创新能力、自主学习能力，能从事国际商务工作的复合型、应用型人才。

商务英语培养融语言知识、策略能力和背景知识为一体的高素质、复合应用型人才。具体地说，商务英语培养目标具有双重性和实用性等特征，它不但培养学生听、说、读、写、译等综合运用英语语言的能力，而且还要培养学生学习和掌握商务专业知识和跨文化交际应用能力。商务英语突出国际商务学科领域的“专业”要求，培养目标更加宽泛，更加强调专业能力，更加注重实践能力。

如高职高专院校商务英语专业人才培养目标为：应用型高技能人才、高技能复合型人才、技能型国际商务人才、高等技术复合型人才、应用型管理后备人才等，呈现出各个学校人才培养目标的多样性，凸显高职高专人才培养模式的独特优势，体现出高职高专院校重技能、重实用，以能力为本位，以需求带导向，培养技能应用型人才的教育目标。

商务英语的人才培养目标具有双重性、实用性、层次化等特征，其复合型国际商务人力资本具有多元结构，即文化多维化、知识多元化、技能多样化，体现了商务英语专业教育复合型人才培养目标的特点。

3.2.2 商务英语专业特性

“商务英语知识体系通常包括英语专业知识、英语专业技能、商务专业知识、商务专业技能、人文素养及跨文化交际能力等几个部分”（陈建平，2010）。“商务英语创立新的教学体系，即将传统的专业英语基础课程、专业课程和国际经济与贸易类骨干课程的双语教学活动有机结合，通过选修课程强化学生对于外销员岗位证书考试科目及外贸综合业务课程的学习，实现英语学习和专业课程学习的双赢，从根本上提高学生的实践能力”（王瑾，2014）。

商务英语专业与英语语言文学专业同属于英语语言专业，二者之间既有共同之处，又有不同的专业方向。商务英语和英语语言文学专业的落脚点都是英语，都要求学生掌握英语的基本知识，有扎实的英语语言功底。英语语言文学专业的学生在学习掌握英语的基础上，然后学习英语文学和语言学知识；而商务英语专业的学生首先是学习英语语言，英语语言材料内容是商务英语各学科知识，然后主要是学习国际商务知识；两者皆以英语语言为基础，然后根据培养的目标设定不同的专业。比如，高职高专开设商务英语专业的各个学校，根据自身学校的教学资源和办学特色，也为学生安排了各自不同的专业方向，如国际贸易、外事服务、对外合作、商务翻译、跨境电商、国际会计、外贸业务代理、涉外物流、网络贸易、国际会展、国际旅游、酒店管理、企业管理、客户管理、幼儿英语和汽车外贸等。这些充满着个性化的专业方向，体现了高职高专商务英语专业知识结构多元化的特色。

第二章中表格2.7和2.8商务英语专业知识（技能）的特定要求，界定了商务英语的教学内容。商务英语专业的知识和能力构成涵盖四个知识模块的主要内容（王立非，2014）；包括语言知识与技能模块、商务知识与实践模块、跨文化交际能力模块和人文素养模块。其中，语言知识与技能模块中的语音、词汇和语法知识，听、说、读、写、译技能和语言交际技能等，是和普通英语内容相同的；而商务知识与实践模块的经济学、管理学、法学、商务技能等，则是普通英语教学内容中所没有的。

再如，高职高专院校对于培养人才能力有如下要求：即创新能力、实践能力、跨文化交际能力、英语交际能力、交际谈判能力、商务英语语言技能、商务沟通能力、营销服务技能、专业技能（业务技能）、外贸业务操作技能、管理技能、现代办公技能、一线工作技能等等。这些对于能力（技能）的要求，凸显了高职高专人才培养能力多样化的特点，体现了高职高专院校商务英语专业注重技能应用性的本质特征。

3.2.3 商务英语课程学科教育特色

“课程是学校教育结构的组成部分，课程问题是学校教学的核心问题，关系到培养什么样的人，直接影响到学校的教学质量”（涂光辉，1994）。商务英语专业课程体系包括公共课程、专业核心课程、专业方向课程、实践环节、毕业论文五个部分。课程结构的基本要求是：公共课程参照教育部和外语类专业国家标准的要求设置。专业核心课程按四大模块设置，各模块占专业课总学时的比例为：①语言知识与技能类课程模块为50%～60%；②商务知识与实践类课程模块为20%～30%；③跨文化交际课程模块为5%～10%；④人文素养课程模块为5%～10%。在商务英语课程设置中，本科四年的专业课程总学时不低于1 800学时，各课程开课的比例大体为：语言类课程占70%，商务类课程占30%。一、二年级以普通英语课程为主，二、四年级以商务专业课程为主。学生在夯实语言能力基础上，掌握商务知识技能。

“商务英语课程不是英语学习和专业词汇的简单叠加，而是深入细致地渗透出各个专业领域的工作内容”（向晓，2013）。商务英语课程体系是融合语言和跨文化交际、国际商务、国际贸易、管理学、市场营销和金融学等方面的综合课程群。商务英语课程群有完整的体系，除了商务英语课程本身，还包括国际商务、国际市场营销、国际商务管理等双语课程。专业核心课程有第二外语、基础英语、英语听说、英语阅读、英语写作、英语国家概况、翻译理论与实践、商务英语、国际贸易实务、工商导论、国际商务谈判、国际市场营销等。专业商务英语是商务英语专业的重点课程，商务英语专业学生在学习英语的基础课程之外，还学习国际商务领域基础课程，如经济学、管理学、跨文化交际学、国际商务概论、国际贸易、国际金融、国际物流、国际支付等，以某个国际商务专业领域作为主干课程。在课程设置中，主干课程占有更多的课时。

实践教学课程是商务英语课程体系的一个重要内容。在商务英语专业实践课程中，专门设置了“专业实训、专业实践和专业实习”三个环节，将课堂训练、课外实践（活动）和课外实习捆绑在一起，采用顶岗实习、工学结合、校企合作等实践教学模式，在实践中帮助学生内化专业知识，提高专业技能。有些高校开发“职业能力分析”商务英语模块化课程体系，将岗位所需的知识和职业能力进行分解，并在此基础上没置相应的基础课程、专业核心课程和依据商务具体环节的技能设置教学项目。商务英语还设置有“项目课程”，即“一个案例化的学习单元，它把实践知识、理论知识与实际应用情景结合在一起，是学习领域的具体化。它经常表现为具体的学习任务与工作任务相对应。项目课程是基于项目教学的课程设置，让学生在比较典型的项目任务中学习和应用知识、掌握操作技能和培养综合能力”（向晓，2013），项目课程体现了商务英语课程实践性的特点，也是其课程设置的独特之处。商务英语本科教育课程体系呈现出课程设置层次化、课程没计特色化和课程内容地方化的特点，体现出商务英语课程鲜明的人才培养模式的教育特色。

此外，高职高专商务英语课程没置依据培养目标定位和学生的职业需求，遵循课程设置多样化的原则，实行分阶段、分模块的课程教学模式。商务英语专业课程主要分为职业基础课程模块、职业能力课程模块和职业拓展能力模块。如惠州经济职业技术学院的课程设置，涉及有关商贸各行各业的知识课程23门，以满足学生多样化的学习需求。高职高专商务英语专业适应地方经济发展的需求，设置多种多样的专业课程，为当地社会经济发展培养各类应用型人才，体现出人才培养目标多元化、服务于地方区域经济、办学地方特色化等职业教育特点，凸显高职高专商务英语专业重技能、重实用，以能力为本位，以需求带导向，培养技能应用型人才的教育优势。

3.2.4 商务英语教材建设特殊性

“近年来，商务英语方面的教材数不胜数，无论是牛津、剑桥、朗文等国外权威出版社，还是高教出版社、外语教学与研究出版社等国内享有盛誉的出版社，抑或是综合性研究型高校的出版社，都相继推出了专业系列教材。内容丰富全面，包括授课内容、教学方法、教师用书、课后资源、补充材料、自学教材、电子资源等，为授课教师提供了一整套固定的框架结构。这既体现了我国高教界和出版界对商务英语教材的重视，也反映了社会和高校对商务英语的旺盛需求”（王瑾，2014）。商务英语教材分为基础英语和商科教材，商科教材有国际贸易、国际金融、国际营销、国际商法、国际物流、国际经济、国际结算等。在商科教学中多使用国外原版的教材，如经济学原理、管理学原理、市场营销等，还有普通商务英语教材、专业商务英语教材、专业实训教材、体验性商务英语系列教材等。商务英语教材的数量和种类迅速增加，满足了办学单位和学习者的需求。

“高职高专与行业企业共同开发紧密结合生产实际的实训教材。在教材编写过程中，结合自身的教学实践、调研论证和外贸专家对工作岗位的实际要求来安排课程结构和内容，形成了具有特色的基于工作过程的校企合作系列教材”（向晓，2013）。商务英语专业教材建设做到教材内容融专业知识、专业技能、语言知识、文化知识于一体，“体现出商务英语教材内容应用性、复合性和专业性；凸显出商务英语教材系列化和层次化的特点”（莫再树，2014）。

“商务英语教材具有使用对象的复杂性和教材内容的真实性，即教材并非为了课堂使用特意编写的，而是来自语言使用的真实环境。在英语教学中使用的教材普遍是为了训练听、说、读、写、译等某项特定语言技能而编写的。然而在商务英语教学中，使用真实材料至关重要”（王瑾，2014）。由于商务英语自身交叉学科的特性和教学实践的实际需求，商务英语教材建设具有使用对象的复杂性、教材内容的真实性和教学目标的侧重性三大因素。商务英语学科教材建设有以下要求：

（1）商务英语教材的编写原则：①参与到具体的英语丁作环境中；②体现新颖的商务学科鲜活知识；③提升语言技能和综合素质。

（2）教材开发要结合学生心理特点，以社会需求为依据，以工作过程为框架；以项目为载体，以工作任务为线索选择、组织和安排内容。教材内容应以学生的生活经验为基础，通过实践活动创建真实的、逼真的生活情境。教材建设还需吸收实践专家从经验中提炼出来的有效解决问题的策略、元认知策略、学习策略等内容。

（3）英语类教材内容专业性不宜太强，但语言要有代表性，尤其要有本专业常用词汇和一般科技文章的句法结构和表达方式等。练习编写要突出英汉翻译和摘要写作等语言练习题。

（4）双语教材应该选用实用性强、针对性强、内容丰富、生动形象、难易适中的原版教材。①要在采用国外原版教材的基础上，补充一些相关的汉语商科教材或案例；②基本使用英语语言讲解，并对教材中出现的疑难点或专业名词使用汉语进行辅助性解释；③选择外国原版教材应确保其新颖性、实用性和难易程度适中性，既切合学生的心理，又合乎语言教学目标。

（5）在网络环境下开展任务型语言教学，采用精彩的图片、原版英文录音、影视影像、课件题库等教学资源以及先进的教学硬件和教学软件。

（6）充分利用多模态商务英语教材、教案课件、商务英语相关音频录像材料以及其他的多模态教学资源，构建商务英语多模态教学语料库和网络平台丰富多彩的多模态商务英语学习资源。

目前，商务英语教材建设还面临着许多的实际问题，如商务英语学科专业至今还没有“教学大纲”，缺乏指导教材编写的理论（原则）；教材低水平重复建设；没有形成一个科学的、合理的商务英语学科教材体系等，这是我们在研究商务英语课程体系时必须高度关注的问题。

3.2.5 商务英语教学方法的特性

“教学活动方法简称教学方法，是指教师和学生为完成教学任务所采用的方法和手段。它是教师引导学生掌握知识技能，获得身心发展的共同活动和方法”（向晓，2013）。商务英语课程设置的实践性和应用性特点，要求商务英语教学方法贴近课程教学实际，围绕商务英语专业课程设计的目标，采用多样化的教学方法和多元化、全方位的教学模式开展教学活动，如案例教学法（商科专业中的经典教学方法）、交际教学法、语篇分析教学法、对比教学法等，仍然是商务英语教学的重要方法。教师根据不同的课程、教学内容、教学要求，选择合适的教学方法。常见的教学方法有：任务教学法、模拟教学法、现场教学法、角色扮演法、协同教学法、讲述教学法、讨论教学法、师生互动式教学法、启发式教学法、沉浸式教学法、探究教学法、合作学习法等，并在商务英语教学中充分利用多媒体、计算机、网络教学等现代化的教学手段，激发学生学习兴趣，扩展学习空间，提高教学效率。

如讨论教学方法主要通过呈现复杂问题，让学生思索解决问题的方法，此教学法主要重点在于讨论的过程，并不要求有标准答案或完整结论。

讲述教学方法又称为注入式教学法或诠释式教学法（Hativa，2000），是传统的教学方法，也是目前最为人熟知及广泛运用的教学方式。讲述教学方法适应课程需求及学生需要，以主题为核心，通过深入浅出的口头说明与介绍，让学生了解课程所要陈述之内涵、脉络及其基本原理、原则。

案例教学方法主要适用于法律、企管及教育等领域，以真实事件的叙述为主；法律案例多为法院的判决及真实的法律案件。案例教学方法借鉴案例所存在的问题与处境，作为分析判断、问题解决、研究策略、提出解决方案的基础，使学生理论与实务结合，增强教学效果。

现场教学方法亦可称为户外教学、校外教学和参观教学，其共同的内涵皆为理论与实际相结合，通过在教室外或学校外活动的过程，让学生真实地去感受及体验在课程内容中无法真实感受的事物，达到寓教于乐、寓教于游的效果。

角色扮演方法引导学生通过实际的行动演练，来描述、呈现、解决、讨论具有争议性或在生活中遇见的问题。

协同教学方法主要为两个或两个以上的教师，加上若干个助理人员，共同组成一个教师团队。教师可以共同计划课程并发挥个人的才能。改变后的教学形态，更能适应学生的个别差异，由于采用各种不同的教学方法，学生可以获得较多的指导（Cohn，1997）。

合作学习模式是学生通过分组后、小组成员在互动过程中达成共同目标的教学方法。通过小组探究和讨论的过程，让学生积极地投入课堂活动（Keats，1994）。

探究教学方法主要是指在教学情境中，教师引发学生对问题的好奇，并进一步引导学生发现事物真相和原理的教学方式。

在商务英语教学实践中总结创造了许多新鲜的教学方法，这些教学方法都是围绕着商务英语课程设计和教学实践需要产生、发展形成的。丰富多彩的教学活动和多种多样的教学方法，有效地保证了达成课程设计的基本目标，成为商务英语教学的一大亮点。

3.2.6 商务英语实践课程特征

“大学生的社会实践是一种以实践的方式实现高等教育目标的教育形式”（向晓，2013）。实践教学作为课堂教学的有益补充和延续，在商务英语专业人才培养中扮演着重要角色。商务英语实践课程既是专业课程的主要内容，也是训练学生掌握商务技能的重要载体，在商务英语课程设置中占有重要的位置。商务英语专业建立以培养职业岗位能力为核心、提高综合素质为主线的实践教学体系。构建以学生为中心，以就业为导向的实践性教学模式。

实践课程创新教学方法，采用项目导向、任务驱动、工学结合等新型教学模式，培养学生实际操作能力。课程实践（实验）主要有专业实训、专业实践和专业实习三个环节：专业实训是指在商务实训室等模拟仿真教学环境中操练外贸、金融、财务、营销、法律等实务流程。专业实践在第二课堂活动（如商业创意、商务谈判、商务技能等类比赛）和涉外商务活动（如经贸洽谈、招商引资、商品会展等）等课外环境中完成。专业实习在已签约或定点的校外实习基地集中实施或自主完成。

例如，高职高专院校商务英语专业顶岗实习是校企合作、工学结合模式的关键环节。通过顶岗实习，学生充分融合语言和商务知识，强化训练综合职业能力素质；增加社会工作经验，增强岗位意识和岗位责任感，帮助学生顺利踏上工作岗位。同时，通过顶岗实习，学生能够及时发现自身的不足，从而在理论学习中更具有针对性。高职高专院校与校外实训基地产学紧密合作，建立了“相互需要、互惠互利、相互参与、相互依存、组织落实、工作落实、产学结合、校企合作”的教育办学机制，促进了专业实践教学的不断发展。

“第二课堂教学活动是商务英语后续英语学习和（CBI）课程的第二课堂，它是基于英语语言基础和语言技能习得之上的实践课堂，它是检验课堂所学理论如何运用于真实商务环境的实验中心，它是学生展示超越课堂之外的独立思考能力、创新能力、决策能力、合作能力、执行力、敬业精神、诚信素质、个人修养、交际能力的交流平台。学生在这里进行实践操作和执行项目，策划商务活动和竞赛，走进企业进行体验学习和实习工作，这些活动提升学生‘实践能力＋语言能力＋商务英语知识’的综合业务素质和厚德博学的精神”（王瑾，2012）。根据商务英语的教学特点，在课堂教学的基础上，强化第二课堂教学、专业课程实践、社会实践等各种形式的实践教学，培养学生的实际操作能力及综合素养，成为商务英语专业实践课程设计的一大特色。比如，充分利用学校教学现有的实验教学资源，创造丰富多彩的主题实践项目活动；建立第二课堂社团组织，进行项目实践活动；开展校企合作，建立校内和企业导师库；建设教学、科研、培训相结合的实践实训基地，参加贸易投资洽谈会等。商务英语实践课程培养学生的实际操作能力及综合素养，充分体现了商务英语实践课程应用性和体验式的特征。

3.2.7 商务英语“复合型”教师特点

“商务英语专业培养复合型、应用型人才的特点对教师的能力提出了要求，这个培养目标决定了商务英语专业师资与纯语言专业师资存在质的差异。专业课程教师的知识能力结构必须具有复合型、应用型特征。商务英语教学既包括普通英语的内容，又包括商务知识特定的内容。教师除了必须具备听、说、写、读、译的基本能力外，还须具备广泛的专业知识，如贸易知识、金融知识、财务知识、会计知识、法律知识、管理知识等”（王瑾，2014）。商务英语专业课程设置的知识内容涉及语言、商务和实践技能三大领域，对教师的知识结构和实践经验有着特定的要求。“复合型教师自身能够进行复合型的外语教学，把学科知识的学习和语言学习有机结合起来，这样就可以帮助学习者学会学科系统知识和内在逻辑，还能掌握如何用语言来表述这种知识和内在逻辑，从而帮助学生获取专业知识，同时还能帮助得当地使用语言，并实际操练语言。因此，商务英语教师至少应该是语言、商务学科、教学等领域中一个领域的专家，各个学科教师通过合力来培养复合型人才”（王瑾，2014）。商务英语教师应该具备英语基本功、专业知识、教学能力、科研能力、实践能力等，能够运用现代教育信息技术，开展课堂教学与教学改革。专业教师中语言类、商务类、实践类师资的大体比例为6：3：1。商务类教师除英语能力合格外，其本科、硕士或博士学历中至少有一个应为经济、管理或法律类专业。同时，按照学校课程设置的实际需求，从行业专家中聘请实践类兼职教师。

商务英语专业复合型的人才培养目标，决定了教师也必须具有复合型的知识能力素质。教师既有扎实的语占基本功，又有相关专业的基本知识和实践经验，复合型教师正是商务英语师资队伍的主要特点。

3.2.8 商务英语课程体系评价模式特点

商务英语的教学评估手段采取形成性评价与终结性评价相结合的评价模式。在形成性评价中，采用多种评估手段和形式，包括学生评估、学生互评、教师评学、学生评教、教务部门对学生的评价等。在终结性评价中，主要方式包括期末课程考试、水平考试和毕业论文（设计）等形式。“采取多元评价机制，制定评价标准，明确考核目标。教师评价和学生评价相结合，形成性评价和终结性评价相结合，课内评价和课外评价相结合，理论评价和实践评价相结合，学校评价和企业评价相结合”（向晓，2013）。探索检验学习效果的测评机制，这是商务英语评估体系建设的新鲜课题，具有重要的现实意义。

教师有效地组织教学活动，然后建立一个学习评价模块。在具体目标情境下，被测试者的学科知识、行业（业务）技能、语言能力和行为能力等成为主要的测试内容，这是在外语专业级别考试中没有的测试内容。“学习效果评价可采用软硬两套指标来衡量商务英语专业的人才培养质量，硬指标主要是商务英语专业人才必须具备的基本技能和素养，软指标是在硬指标的基础上学生综合素质的拓展和提升。硬指标主要包括英语语言知识和技能、商务专业知识和技能等基本要素，其中，英语语言知识和技能占硬指标的60～70%，商务专业知识和技能一般占30～40%；而软指标则主要包括人文素养、跨文化交际能力、国际视野、创新能力、研究能力等方面的素养。对每一门课程的平时和期末测试仍是检查学生学习情况、评价学习效果的主要手段。测试必须具有较强的科学性，尤其是测试形式、测试范围、题型分布、难易程度等，应能较为客观地反映该专业人才培养质量的相关评价指标”（陈建平，2010）。商务英语专业评估体系目前沿用全国外语专业四、八级考试作为主要评价依据，还没有体现出与普通英语专业的差异性，不能完全适合商务英语专业水平评估的实际需要。设立商务英语专业的级别考试，建立起一套完全可行的专业评估机制，在形成性评价方面积极探索有益的评估模式，这是商务英语教学模式中急待解决的现实课题。

课程评价是课程开发的基本问题和核心环节。目前国内商务英语专业的课程设置，都是围绕着英语和商务两大模块进行双语或全英教学，课程设置的合理性与有效性，对于实现商务英语专业人才培养目标，具有十分重要的作用。而课程评价理论及其实际运用，可以为设置课程的必要性和可行性提供系统的理论支持和设置原则。斯塔弗尔毕姆的CIPP评价模式是目前公认的优秀的评价模式，主要包括七种评价（七个步骤）：背景评价、输入评价、过程评价、影响、成效、可持续性和可推广性评价，即所谓"CIPP模式"。在构建商务英语课程体系中，将CIPP评价模式植入现有的课程体系，从上述七个方面对课程体系运行的全过程进行评价，对于商务英语专业课程设置的合理性和可行性有着很强的指导意义。

综上，商务英语课程体系在培养目标、知识结构、课程设置、教材建设、教学方法、师资队伍和评价机制等方面有着突出的特点。商务英语课程体系特色鲜明：以人才培养目标为纲，以实践能力为主线，根据学科建设和教学实际需求设计商务英语课程体系，是商务英语课程体系的主要特色。加快商务英语课程体系建设，努力创造一个以学生为中心，以能力为目标，以实践为导向，构建集各种优势课程要素为一体的商务英语课程新体系，正是我们研究商务英语课程体系的出发点和归宿地。

3.3 基于商务英语教学理论的课程体系分析框架

框架，简单而言就是一个事物的组织和结构。分析框架，指的是在某一领域所应遵循的研究步骤或路线的阐述，是整个分析研究活动的基本架构。分析框架的作用就如同生活中的标识牌，通过框架的指引，沿着一定的路径使我们到达最终目的地。研究分析框架的概念以及分析框架所应具有的功能，简而言之，"分析框架"就是某一学科运用特定理论所形成的特定研究方式（常媛媛，2011）。课程体系是指在一定的教育价值理论理念指导下，将课程体系的各个构成要素加以排列组合，使各个课程要素在动态过程中指向课程体系目标实现的系统（向晓，2013）。因此，基于商务英语教学理论的课程体系分析框架，它指的是在商务英语教学研究和教学实践领域中，运用诸如ESP理论、二语习得理论、需求分析理论、建构主义理论和自主学习理论以及相关的“教学理念”，对商务英语课程体系涉及的培养目标、课程设置、教材建设、师资队伍、教学方法以及评价模式等问题进行分析，形成可供参考的指导商务英语课程体系建设的理论思路。

商务英语教学理论是课程体系研究的理论支撑，它决定着课程设置的方向性和独特性。课程体系的构成要素分别是理论基础、教学模式、培养目标、课程没置、教材建设、评价体系，它们构成一个完整的、系统的课程体系。教学理论在课程体系结构中既自成独立因素，又渗透或蕴涵在其他各个要素之中，其他要素都是依据理论基础和自身特定的功能要求而设立。课程体系诸要素之间相互联系，相互影响，在课程体系中作为一个整体而共同发挥作用。

商务英语课程体系有着鲜明的学科特色，课程要素具有多种特点，它们为商务英语学科建设和开展教学活动发挥了积极的作用。我们在研究商务英语课程体系中，既要充分发挥优势要素的建设性作用，也要看到某些要素需要改革完善的问题，更需要按照系统论的创新思维，提高商务英语课程体系总体功能水平。商务英语课程体系是一个开放的系统，根据社会经济发展和教学实际情况，随着教学实践认识的逐步深入，教学思想、观念的更新变化，课程体系将不断得以修正调整，更加趋于完善，更加充满生机活力。

商务英语作为新兴的交叉学科，课程体系的理论基础越来越多地向学科界外扩展，如教育论、系统论、控制论、信息论、管理学等，呈现出多元化、融合化的趋势，它们为课程体系变革带来了新鲜活力。目前国内教学领域里新的教学理论层出不穷，为构建商务英语课程体系提供了充分的思维空间，商务英语课程体系具有广泛的研究和开发前景。

综七所述，我们认为，基于商务英语教学理论的课程体系分析框架的目标域有两个：一是厘清构建商务英语课程体系的基本思路；另一个是确立建设商务英语课程体系应遵循的基本原则。

表3.1 基于商务英语教学理论的商务英语课程体系分析框架

理论基础	教学模式	培养目标	课程设置	教材建设	教学方法	评价
ESP理论	以教师为中心的教学模式；以学生为中心的模式；教师主导、学生主体模式	培养具有专业知识和英语技能的复合型人才。	（1）目标需求与学习需求相结合的原则；（2）学生、学校与社会需求兼顾的原则；（3）大纲制定、教材选择及教学实施要体现各种需求的原则。	内容专业性不宜太强，但语言上要有代表性，尤其要有专业方面的常用词汇和一般科技文章的句法结构和表达方式等。练习编写不仅仅有专业知识的问答题，更重要的是突出英汉翻译和摘要写作等语言练习题。	语域分析教学法、语篇分析教学法、比较教学法	发展性评价模式，主要关注3个方面：以促进学生发展为目标，努力提升教师职业道德和专业水平，提高学校教育质量。其评价原则主要包括：发展性原则、合作性原则、结合性原则，针对性原则和反馈原则。
	全英教学模式	使用英语进行国际商务谈判、科技、文化交流，进行国际合作项目的复合型人才	本科一年级和二年级阶段的教学强调主科——基础英语课程的学习；三年级和四年级侧重于副科——每一门商科的学习。主科是指英语语言文化课程，包括基础英语和高级英语课程；副科是指一门商科专业方向课程，如商务管理、国际贸易等，这些方向性课程，分别由数门专业主干课程和部分选修课程组成。	一是要尽量采用国外原版教材，并补充一相关的汉语商科教材或案例；二是基本使用英语语言讲解，并对教材中出现的疑难点或专业名词使用汉语进行辅助性解释；三是选择外国原版教材应确保其新颖性、实用性和难易程度适中性，以更好地切合学生的心理承受能力。	浸泡式教学法	形成性评价模式包括过程评价和终结性考试评价两部分。

理论基础	教学模式	培养目标	课程设置	教材建设	教学方法	评 价
二语习得理论、CBI理论	任务型教学模式	培养学生创新学习和附作学习能力为核心	对语言形式的聚焦安排在最后，交际任务是框架的中心。前期任务介绍主题和任务；学生以小组为单位开展活动，并在小组成员协作中完成课堂或生活中的任务；在小组交谈和发表意见过程中自然使用语言，学生自主学习和参与讨论，并可以利用字典、课本、网络等工具完成任务；在任务汇报中，用口头或书面的形式，将活动结果和过程向全班简要汇报；在语言焦点分析阶段，学生把自主学习的商务英语口语系统化，升华成综合能力和专业素养。在练习阶段，教师进行适量的控制型练习，以达到总结的目的。	创造既合乎语言教学目标又与实际生活用途紧磷相连的良好的惰景语境，使学生有兴趣参与到小组活动中，充分调动多元智能，完成语言任务。	合作学习法	在进行小组合作学习评价时，把学习过程和学习结果结合起来，把对合作小组集体的评价与对小组成员个人的评价结合起来，在此基础上侧重于过程评价和对小组集体的评价。
需求分析理论	项目式教学模式	培养学生职业能力	项目课程通过具体实在的项曰进行，以理论为主线付之于实践。职业素养的提升贯穿于语言基础能力和语言专业能力的培养过程中，通过提升语言基础能力，从而服务于语言专业能力培养。	教材开发要结合学生心理特点，以社会需求为依据，以工作过程为框架，以项目为载体，以工作任务为线索选择、组织和安排内容。每个项目涉及的内容都针对具体的工作任务，有明确的目标、要求、程序以及注意事项等。	案例教学法、任务型教学法	评价的核心目标是培养学生职业能力，包括语言能力、专业能力和职业素养，评价标准强调能力和方法等。评价方式采取形成性评价和终结性评价相结合，以形成性评价为主。

理论基础	教学模式	培养目标	课程设置	教材建设	教学方法	评　价
	认知学徒教学模式	培养学生的认知思维能力，即专家实践所需的思维能力、问题求解和处理复杂任务的能力	创设优良的课堂教学情境，学生主动参与、愉快合作、高效学习。基于计算机技术设计的学生与学习内容的交互环境，在小同背景下为学生提供支架式教学支持，使他们能够从容应对复杂困难的任务。	教材内容以学生已有的生活经验为基础，通过实践活动由学生自己构建。除了学科知识外，教材建设还需吸收通过各种社会互动活动习得专家从经验中提炼出来的有效解决问题的策略、元认知策略、学习策略等。教材的作用更多是为学生创建真实的、逼真的生活情境。	支架式教学法、反思和探究	开展情景化评估，即学习过程中问题解决的能力和所学知识意义建构的程度反映了学习的效果，这是一种整合教与学、个人与集体的过程性评价。
建构主义理论	网络环境下商务英语教学模式	培养学习者的商务丁，作能力和商务语言表达能力	课堂教学＋自主学习＋模拟实践＋综合测评，师生共同创造良好的互动交流平台。利用这个特定的学习环境，教师可以有效组织教学活动，然后建立一个学习评价模块，让学生在网络的环境下进行商务英语的学习或研究，提高学生用英语表达的分析问题和解决问题的能力。	网络互动交流平台的知识覆盖商务英语相关专业内容。除了专业内容外，在网络环境下开展任务型语言教学还可以涵盖精彩的图片、原版英文录音，影视影像和课件题库等教学资源以及先进的硬件和软件。	任务教学法、案例教学法、项目教学法	评价体系应体现为诊断性、形成性和总结性的评价，具体内容包括：对学生学习的兴趣、热情和参与程度的评价；对学生的项目成果以及学习收获的评价。主要内容是学习策略的改变邗学习能力的提高、对自主学习过程和自主学习能力的评价、综合能力的评价、教师工作量的评价和计算方法等。

理论基础	教学模式	培养目标	课程设置	教材建设	教学方法	评　价
自主学习理论	商务英语实践教学模式	培养学生自主学习能力	教师应认真贯彻自主学习理论下的商务英语实践课教学原则，创造丰富多彩的实践活动主题和内容，经过和学生探讨，学生自主参与第二课堂社团和组织，确定相应的主题进行实践项目，学生以团队、公司和组织为单位，以自主学习的方式进行英语活动和工作。	编写原则：①参与到具体的英语工作中去；②体现新颖的商务活知识；③强化语言技能的提升和综合素质的提高	沉浸式教学法、合作学习法、项目教学法、任务型教学法	评估体系：①建立等级评分制而非量化评分制的方法；②让学生参与评估，结合组长、成员对自己的评价，使评价的主观性降到最低；③建立校企联合评估机制，加强评估的有效性。
PBL理论		培养学生解决实际问题的能力	①解决问题为重心； ②以学生为重心； ③以合作学习为重心； ④以教师的辅助为重心。	在PBI，模式下，教师模拟各种商务场景设计问题，为了解决问题，学生需自行收集、分析学习信息，逐步构建起自己对事物的认识。在此模式下，学生需要自己确定解决问题的方法和步骤，制定计划，收集和分析资料，开展独立的研究，并总结和反思解决问题所用的细识和技能。	合作学习法、任务教学法	主要是四层评估体系，分别是：导师对学生评估、学生自我评估、学生对导师评估、学生和导师对P盟。课程评估。第一层包括两个方面：专业知识的掌握与应用情况；第二层包括三个方面：每个学生对知识掌握和应用的自我评价、对各种技能发展的自我评价、对小组其他成员的组内表现的相互评价；第三层从学生角度对导师的课堂和课后表现进行评估。

理论基础	教学模式	培养目标	课程设置	教材建设	教学方法	评　价
国际商务双语课程教学理论	内容教学法	培养学生外语应用能力	开展双语教学课程应遵循由易到难的原则。可在低年级开展基础性学科，如国际贸易概论以及经济学的双语教学；在大三上学期开设国际商务、国际金融、国际贸易实务、国际市场营销等课程的双语教学；在大三下学期开展国际经贸函电、报关与商检和外贸英语口语等课程的双语教学；大四上学期开展涉外商务谈判和学生的课程实践的双语教学。	选择合适的双语教材。在双语教材的选用上，要尽可能选用实用性强、针对性强、内容丰富、生动形象、难易适中的原版教材。	直观活动法、交际活动法、情境创设法、重复循环法、渗透性教学法、沉浸式教学法	双重考核方法·分为两个阶段进行：第一个阶段是平时的英语小演讲以及英文小论文，这个阶段注重考核学生的英语语言运用能力。第二阶段课程结束后，给学生准备一套全英文试题，这个阶段侧重考核学生专业知识的掌握情况。
多模态商务英语教学	多元识读教学模式	培养学生的多元读写能力和读写多模态意义的能力	总原则：聚集各种学习单元以创设知识、学科、实践和行动的领域等。基于计算机网络的英语综合技能，尤其是听说技能训练课程，掌生运用计算机教学软件系统进行个性化的自主学习，教师定时在线指导、答疑。在新的教学模式下，每周2课时的听说课在计算机房自主完成，教师给予指导。阅读课程要求学生课前网上预习，自学单词，了解有关的背景知识，老师主要讲授课文的重点和难点，课后完成老师书面或网上布置的作业。教师通过网络学习系统随时监测学生学习情况，实现以学生为中心、学生在老师的引导和帮助下自主学习的模式。	多模态商务英语教材、教案课件、商务英语相关音频录像材料以及其他的多模态教学资源构建成商务英语多模态教学语料库和以网络平台为支撑的、丰富多彩的多模态商务英语学习资源。		形成性评估十终结性评估

基于表3.1 商务英语教学理论指导下的商务英语课程体系分析框架，我们认为，构建商务英语课程体系的基本思路是：在教学理论的指导下，确立课程体 系建设的理论支撑；围绕人才培养目标设立科学合理的教学模式，在课程设置、教材建设、教学方法、评价模式等方面改革创新；传承商务英语课程体系的自身优势，吸收采纳其他学科课程体系的先进经验，完成课程体系建设工程。据此，建设商务英语课程体系应遵循的基本原则是：目标性原则、需求性原则、科学性原则、系统性原则、发展性原则。

3.4　商务英语课程体系分析框架模型

关于商务英语课程体系分析框架模型，是在理论基础的指导下，对培养日标、课程设置、教材建设、评价机制等课程要素进行分析研究的参照系。因为教学方法和师资素质对保证课程体系的运转有着至关重要的作用，也是该分析框架模型的组成部分。该模型中的理论基础、培养目标、课程设置、教材建设、评价机制等，从各个不同的侧面描述出商务英语课程体系的组成部分、内部结构及运行机制，形成了商务英语课程体系的基本理论分析框架。具体内容如下图所示。

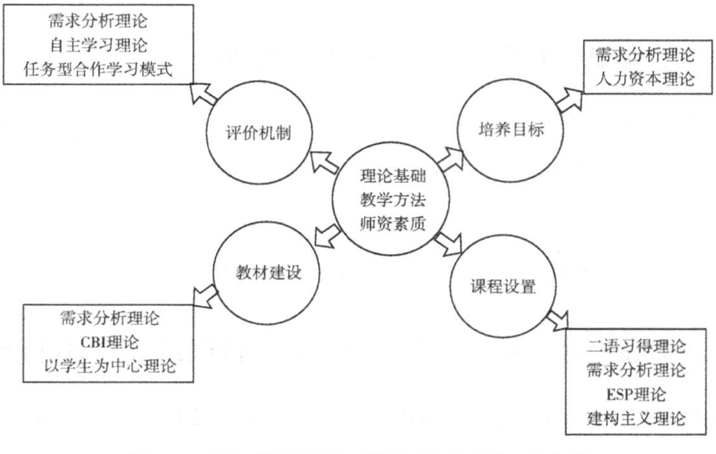

图3.1　商务英语课程设置理论分析框架模型

图3.2为课程设置分析框架模型，该图表明了商务英语课程各个模块之间的关系，体现了各个课程模块在课程体系中的地位和权重。在这个分析框架模型中，全人通识教育基于建构主义理论，实践教学基于自主学习理论，专业知识教育基于ESP理论和需求分析理论，大学外语教育基于二语习得理论。

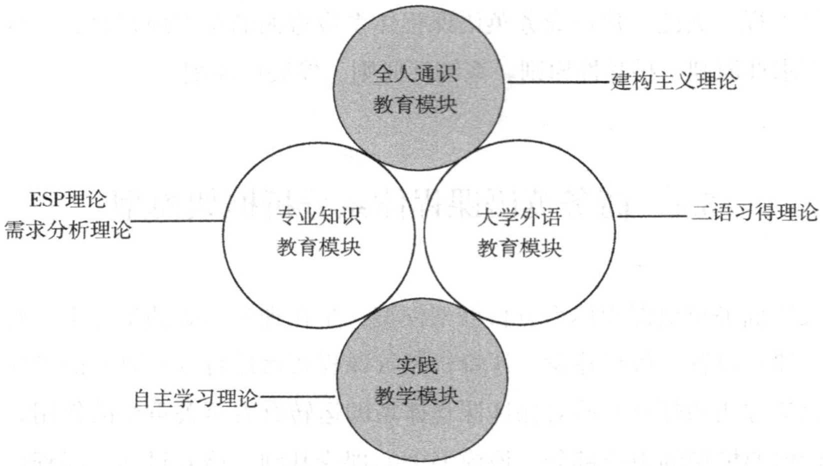

图3.2 商务英语课程设置分析框架模型

下面以广东外语外贸大学商务英语本科四个专业方向为例，说明课程体系分析框架模型指导下的商务英语课程设置情况。

3.4.1 专业知识教育模块——学科基础课

如微观经济学（英）、管理学原理（英）、国际商法、营销学原理（英）、会计学原理（英）、商务统计、宏观经济学（英）、国际贸易、综合商务英语、商务英语写作、高级商务英语写作、商务英语听说、当代商业概论（英）、经济学原理（英）、国际商务礼仪等。

3.4.2专业知识教育模块一专业模块课（按照四个方向进行划分）

如①商务英语（国际商务管理）：人力资源管理、企业战略管理、电子商务管理等。

如②商务英语（国际贸易）：国际贸易实务、国际结算、中国对外贸易、国际商务谈判（英）等。

如③商务英语（国际金融）：货币银行学、国际金融、商业银行管理、财务管理等。

如④商务英语（国际经济法）：民法、商法、民事诉讼法、国际经济法、WTO导沧、法律英语等。

3.4.3 大学外语教育模块

如第二外语（法语、德语、日语或西班牙语等）、英语国家社会与文化、英语文学选读、学术英语写作、英语笔译、英语口译、高级英语等。

3.4.4 全人通识教育模块

如思想道德修养与法律基础、毛泽东思想和中国特色社会主义理论体系概论、中国近现代史纲要、形势与政策、计算机基础、高等数学、微积分、线性代数、概率论、定向越野、健美操、篮球、排球、乒乓球、跆拳道、太极拳、网球、武术、现代艺术体操、游泳、瑜伽、羽毛球、足球等。

3.4.5 实践教学模块

如专业实习与毕业论文、国际贸易实务实践课（英）、涉外法律实践、法律英语写作实训、模拟庭审与口译工作坊、商务专题笔译工作坊、商务专题口译工作坊、企业行为模拟（校内实习）、专业实习、企业调研报告/案例分析、创新能力等。

上述商务英语课程设置，可以作为商务英语课程体系设计的参照目标。各个层次的办学单位可在框架模型的基础上，根据自身的具体情况，按照课程体系设计的基本原则，经过实证分析，制定出本校的商务英语课程体系基本框架，科学合理地设置商务英语专业课程。

第4章　高职高专商务英语课程体系研究

高职高专类院校开设商务英语专业，是为了向社会输送“专业有特长、就业有优势、创业有能力、提高有发展、发展有空间”的复合型应用性专门人才。高职高专商务英语课程设置，应以社会需求和学生的个人发展需要为指导，以培养学生职业发展能力和岗位迁移能力为目标，促进课程与专业（职业）的有机融合，在课程目标、课程标准、课程设计等方面形成一脉相承的课程体系。本章通过对部分高职高专院校商务英语课程体系现状的调查，旨在探索构建高职高专商务英语课程体系的基本思路，充分发挥高职高专商务英语人才培养目标多元化、课程设置多样化、办学专业特色化以及服务于地方区域经济的特点，凸显高职高专人才培养模式的独特优势，从而实现高职高专重技能、重实用，以能力为本位，以需求为导向，培养技能应用型人才的教育目标。

4.1　调查对象及内容

根据教育部公布的数据，我国独立设置的高职院校有1 266所，其中约有800所学校开设商务英语专业，占全国高职院校的约59.16%（白景永，2014）。其中开设商务英语专业高职高专院校大致可分为：地方综合类、外语类、外贸类、外事类、金融类、商务商业类、工商工贸类、交通航海类等（见表4.1）。目前，开没商务英语专业的高职高专院校注重职业教育与商务英语专业的紧密联系，依据市场行业需求设置多种多样的专业方向，并根据学校自身办学的情况和职业教育的需求开设相关专业课程，这是当前高职高专商务英语专业课程设置的共同点。

高职高专院校商务英语专业由于自身学科定位所决定，课程设置体现出人才培养目标多元化、服务于地方区域经济、具有各自的办学特色等职业教育特点。我们从以上三个方面对高职高专商务英语专业课程设置情况进行调查分析，调查方法包括收集网络文献、问卷调查，对话访谈等；通过对比分析不同类别的高职高专院校课程设置的异同，发现当前课程设置中存在的主要问题，进而提出关于建设高职高专商务英语课程体系的可行性建议。

表4.1 部分开设商务英语专业的高职高专院校分类情况

地方综合类	北京信息职业技术学院、北京培黎职业学院、北京汇佳职业学院、广州番禺职业技术学院、广州城市职业技术学院、深圳职业技术学院、福州职业技术学院、威海职业学院
外语、外贸类	河北外国语职业学院、石家庄外国语职业学院、海南外国语职业学院、江西外语外贸职业学院
外事类	广州涉外经济职业技术学院、厦门华天涉外职业技术学院、武汉外语外事职业技术学院
经贸金融类	北京经贸职业学院、浙江经贸职业技术学院、江苏经贸职业技术学院、福建对外经济贸易职业技术学院、浙江金融职业学院、惠州经济职业技术学院
商务商业类	天津商务职业学院、浙江商业职业技术学院
工商工贸类	上海工商外国语职业学院、广东农工商职业技术学院、广州轻工职业技术学院、广州工商职业技术学院、浙江工贸职业技术学院、义乌工商职业技术学院、安徽工商职业学院
交通航海旅游类等	北京交通职业技术学院、广东交通职业技术学院、武汉交通职业学院、武汉航海职业技术学院、浙江交通职业技术学院、浙江旅游职业技术学院

4.2 人才培养目标多元化

高职高专商务英语专业的人才培养目标共同定位为：具备良好的职业道德修养、敬业精神和社会适应能力，了解国际商务活动的政策方针和相关法律法规，掌握国际商务的基本知识理论，熟悉国际商务活动的操作流程及规范，具有语言应用技能和商务应用技能的复合型人才。本章对全国开设商务英语专业的15所高职院校的人才培养目标，做了文献抽样调查（见表4.2）。

表4.2　高职高专商务英语人才培养目标

高职高专院校	商务英语专业人才培养目标
北京信息职业技术学院	培养从事外事服务、涉外商务助理，产品销售、进出口、业务等方面的高素质、高技能复合型人才。
北京培黎职业学院	学生具有在商务背景下的较强英语交际能力。
北京汇佳职业学院	强化商务英语语言技能，强化外经贸专业知识。
北京交通职业技术学院	培养具有扎实的旅游与酒店管理基础理论知识，能够系统地掌握行业的经营管理理论，工作基础知识和相应的职业技能。适应高星级酒店、旅行社、旅游景区等行业实际工作需要的应用型高技能人才。
北京经贸职业学院	学生具有扎实的英语基础、较宽广的英语国家文化知识，具有经济、外贸知识和旅游营销的知识。
上海工商外国语职业学院	培养具备国际贸易外销、采购，单证、跟单、报关、报检、货代等方面专业知识与专业技能，能够胜任国际经贸一线岗位，具有外语与网络贸易背景的“商贸现代化”高素质技能型国际商务人才。
	培养具备系统的酒店管理实务方面专业知识、外语能力突出、熟悉旅游法规并能高效使用各种现代化手段、能在高星级酒店以及相关单位从事旅游管理工作的高等技术复合型、应用型管理后备人才。
江苏经贸职业技术学院	商务英语（国际贸易方向） 培养掌握本专业必备的贸易基础理论和进出口贸易操作流程，熟悉经贸实际工作，具备专业核心技能，具有较强的创新能力和实践能力，能够熟练从事对外贸易工作的高素质复合应用型人才。
	商务英语（国际会计方向） 培养掌握商贸和会计方面的基础知识和技能，能胜任和规划各类企事业会计工作，具有较强的创新能力和实践能力，熟练从事对外贸易和会计方面工作的高素质复合应用型人才。
	商务英语（幼儿英语方向) 培养了解幼儿心理和幼儿教育的基础理论知识，掌握幼儿教育所需的绘画、音乐、舞蹈等专业教学技能，胜任在幼儿英语培训机构、幼儿园或小学从事幼儿英语教学工作的应用型人才。
	商务英语（国际导游方向） 培养能在旅行社、旅游景区、酒店、旅游行政管理部门及相关企事业单位，胜任导游、涉外导游、外事工作、旅游经营管理、酒店服务等工作的高素质复合应用型人才。

高职高专院校	商务英语专业人才培养目标
浙江金融职业学院	商务英语专业 培养掌握英语知识和国际贸易知识，具备较强英语运用能力、跨文化交际能力、商务沟通能力、外贸业务操作能力和现代办公技能，能从事外贸公司商务助理或外贸业务员、社会教育培训机构英语教师等工作的人才。
	国际贸易专业 培养掌握国际贸易、计算机和商务英语等基础知识·具备外贸单证操作、外贸跟单操作和外贸业务操作等技能，能从事外贸单证员、外贸业务员和外贸跟单员等工作的德、智、体、美全面发展的人才。
	国际商务专业 培养掌握国际物流和跨境电商销售业务等专业知识，具备国际物流和跨境电商业务处理、品牌营销、客户服务等专门技能，能从事跨境物流、跨境电商销售、客户服务等工作人才。
	会展策划与管理专业 培养掌握较全面的国际展会管理、营销、服务等知识，具备一定的国际展会策划、营销、服务等技能，能从事辅助国际性展会前期的策划和营销，中期接待和服务以及后期撤离和跟踪等工作人才。
武汉航海职业技术学院	培养具备一定英语听说读写译能力、熟悉外贸和涉外物流流程操作的生产、服务、管理一线的高技能人才。
福建对外经济贸易职业技术学院	商务英语专业培养具备较扎实的英语语言基本功及涉外商务基本技能，能够满足跟单员、外销员、报关员、报验员、秘书等商务岗位需要的德、智、体、美全面发展的高素质技能型人才。
	商务会展专业（闽台合作）培养符合海峡西岸经济区建设所需的，面向会展主办机构、服务机构以及参展企事业单位人才需求的高素质、强技能型人才。
广州番禺职业技术学院	培养掌握国际经济贸易领域的基本理论、基本专业知识和技能，具备一定的商务操作技能和业务处理能力，能够以英语为工作语言，参与和从事一般国际商务工作的应用型人才。
	商务英语专业（国际贸易方向）培养以英语作为工作语言，熟悉通行的国际贸易规则和惯例的高素质应用型复合人才。
广东农工商职业技术学院	商务英语（商贸方向）培养具备商务英语专业必备的基础理论和专业知识，适应相关行业第一线需要的高素质技能型专业英语人才。能从事涉外商务关系的建立和维持、进出口交易磋商、进出口合同履行等工作人才。

高职高专院校	商务英语专业人才培养目标
深圳职业技术学院	培养熟悉国际贸易、物流等行业中高级行政助理、商务现场翻译和高级商务助理等岗位群的基本理论知识与业务流程，具备办公室行政、翻译、外贸单证、客户服务等一线工作任务所需技能的高等应用型英语专业人才。
广州轻工职业技术学院	培养熟悉英语语言基础知识，掌握英语沟通技能和相关业务等技能，在科技、贸易、生产、管理、服务等领域及文化交流中一线服务和管理等方面工作的高素质技能型专门人才。
惠州经济职业技术学院	商务英语（报关与报检）培养具备国际商务与报关、报检知识、外贸业务知识和相关业务能力的高技能型人才。
	商务英语(跨境电商）培养具备国际商务、外贸业务等知识，熟悉并掌握外贸工作中询盘及订单跟进、处理客户函电、单据操作等能力，兼备阿里巴巴速卖通、敦煌网等电商平台运营中发布产品、翻译、网络营销、客服等相关操作能力的实用型、技能型商务英语人才。
	应用英语/涉外事务管理培养具备涉外工作的基本职业素质和修养以及相当的交际、谈判和管理技能，德、智、体、美全面发展的高端技能型涉外人才。
	应用英语/汽车外贸培养具有必备的汽车基础知识、外贸行业知识和工作技能，德、智、体、美全面发展，能从事高端汽车进出口业务及技术服务的高素质复合型外语应用人才。

表4.2中被调查的高职高专学校关于培养人才能力有如下要求：创新能力、实践能力、跨文化交际能力、英语交际能力、交际谈判能力、商务英语语言技能、商务沟通能力、营销服务技能、专业技能（业务技能）、外贸业务操作技能、管理技能、现代办公技能、一线工作技能等等。如北京培黎职业学院制定的人才培养目标：旨在面向首都经济建设和社会发展需要，使学生具有在商务背景下较强的英语交际能力。北京交通职业技术学院商务英语专业培养目标：针对北京地区旅游业高素质、高能力的旅游专业人才紧缺的状况和旅游行业发展的需要，培养具有高尚职业道德和职业精神，具有扎实的旅游与酒店管理基础理论知识，能够系统地掌握行业的经营管理理论、工作基础知识和相应的职业技能，能适应高星级酒店、旅行社、旅游景区等行业实际工作需要的应用型高技能人才。本专业培养学生具有较高的职业外语

水平，较强的计算机操作和使用能力及旅行社导游服务及景区管理能力，熟练掌握酒店前厅、客房、餐饮等服务技能，并达到多证书要求。这些对于能力（技能）的要求，正是高职高专人才培养职业化教育的基本需求，体现了职业教育注重专业技能应用性的本质特征。

从分析调研的15所高职高专院校制定的商务英语课程培养目标得知，高职高专院校的培养目标以社会市场人才需求为依托，商务英语课程培养目标呈现出多元化的特点。上述学校关于培养人才目标有两种提法：一为比较宏观的人才培养目标，如应用型高技能人才、高技能复合型人才、技能型国际商务人才、高等技术复合型人才、应用型管理后备人才等；二为比较具体的专业人才培养目标，如商务助理、外贸业务员、教育培训机构英语教师工作人才、跨境物流人才、跨境电商销售人才、客户服务人才、国际性会展策划人才、营销服务人才以及熟悉外贸和涉外物流流程操作的生产、服务、管理一线的高技能人才等，呈现出各个学校人才培养目标的多样性。同时，各个学校根据自身的教学资源和办学特色，也为学生安排了各自不同的专业方向，如国际贸易、外事服务、对外合作（如闽台合作）、商务翻译、跨境电商、国际会计、外贸业务代理、涉外物流、网络贸易、国际会展、国际旅游、酒店管理、企业管理、客户管理、幼儿英语和汽车外贸等。这些充满着个性化的专业方向，体现了高职高专商务英语专业人才培养目标多元化的特色，也是值得借鉴和推广的人才培养模式。

4.3　高职高专商务英语专业培养模式与办学特色

高职高专商务英语专业培养模式，展现出注重培养职业实践能力的办学特色。北京培黎职业学院利用英语学科优势，坚持“英语＋商务＋人文素养”办学特色，以英语与商务有机交叉融合为核心，形成“强交际、懂商务、重实践、讲素质”的人才培养模式。北京汇佳职业学院坚持以“新型、高品质、多层次、国际化”和“以动为本、动懂结合”的教育理念为重要依托，在专业设置、课程安排、师资队伍建设诸方面，集中体现出鲜明的职业型、国际化的特色。该校在教学中实施强化营训练兼拓展指导模式，即在学生入学的初始阶段，集中强化学生英语听说能力，配以外教授课的能力培养模式。北京交通职业技术学院以就业为导向，以能力培养为主线，专业培养目标具有明确的职业针对性。该校根据用人单位的要求培养人才，实行“招生十培养十实训十就业”校企联合人才培养模式。

北京经贸职业学院实行“语言十专业知识”的复合型人才培养模式，即：一、二年级进行英语语言基础教育，开展听、说、读、写等基本功的训练，同时在大二第二学期有3～4个月的实习并颁发实习证（赴美带薪实习或在北京周口店遗址博物馆实习）；在三年级主要进行商务、旅游方面的专业知识学习和实践，培养学生经济、外贸和旅游营销等方面的知识素养。浙江旅游职业技术学院开发设计CEC-PBL人才培养模式，根据用人单位的要求培养专业人才，专业培养目标具有明确的职业针对性。福建对外经济贸易职业技术学院按照福建省“闽台校企联合培养人才项目”培养模式，结合大陆、台湾职业院校以及会展企业三方面的优质资源，引进台湾高职院校的优质理论与实践课程，形成“两岸三方、资源整合、校企一体”的人才培养模式。广州番禺职业技术学院迎合市场人才需求和社会经济发展要求，商务英语专业重视基础知识，形成注重能力培养的宽口径复合型人才培养模式，具有很强的适应性和针对性。该校商务英语专业以能力培养为标准，即英语交际能力＋商务知识＋商务技能＋综合素质，将英语语言训练与获得商务知识与技能融为一体，以地区行业需求为导向，突出“商英结合、商学结合”的办学理念，教学计划和人才培养方案凸显商务英语沟通能力、商务操作能力和综合素质的培养，做到语言能力与商务技能并举、语言教学与商务教学有机融合，坚持理论与实践结合，体现教学联系实际、贴近实践、注重实用的特点，满足人才培养需求。该校规范有序、富有成效的语言教学、专业和综合实践教学，体现了高职高专商务英语专业鲜明的办学特色。

4.4　商务英语专业课程设置服务于地方区域经济发展

区域经济作为综合性的经济发展的地理概念，反映了区域性的资源、资金、技术和政策等的开发利用状况，即地区生产力布局的科学性和社会综合经济效益。中国日前已初步形成东部发展、西部开发、中部崛起和东北振兴的四大区域经济格局，构成国家区域经济发展的基本内容。它们相对集中又分工协作、互动发展，被概括为国家总体经济发展战略。国家在这些地区制定区域经济发展政策，培育经济增长极，推动当地经济可持续发展，如环京津冀地区、长三角地区、珠三角地区等。高职高专商务英语专业适应地方经济发展的需求，设置多种多样的专业课程，为当地社会经济发展培养各类应用型人才，体现了专业课程设计服务于地方经济区域发展的学科特色。

本文采取网络问卷的方法，收集到下列高职高专院校商务英语专业课程设置情况。通过对专业课程与其他课程的对比分析，说明课程设置与区域经济的关联性。其结果见表4.3。

按照地区市场经济需求理论分析：

北京地区毕业生主要就业方向是国家机关、外事、外贸、外企、商务管理公司、专业翻译机构、旅游、高级宾馆酒店以及各类涉外金融机构等，主要从事商务管理、商务翻译、外贸洽谈、经贸文秘、涉外公关、涉外导游等工作。

华东地区毕业生就业方向为涉外经济贸易企业、中外合资企业、外资企业和对外加工装配企业等，主要从事外销员、国际商务单证员、外贸跟单员、采购员、报关员、报检员、货务代理员等工作。还有在中外旅游公司、高星级涉外酒店从事旅游管理、酒店管理、旅游翻译等工作。另外，还有在跨境电商、国际物流、会展公司、展览场馆、文化传播类等企业工作。

表4.3 高职高专院校商务英语专业课程设置情况

地区	区域产业经济职业方向	离职院校	商务英语专业课程名称	服务于地方区域经济课程名称	占所有商务英语专业课程的比例
北京	国家机关、外事、外贸、外企、各类涉外金融机构、商务管理公司、专业翻译机构、旅游、高级宾馆酒店	北京信息职业技术学院、北京培黎职业学院、北京汇佳职业学院、北京交通职业技术学院、北京经贸职业学院	基础英语、商务英语阅读、商务英语写作、跨文化商务交流、国际贸易实务、谈判口语、商务英语证书课程、商务写作、法律法规翻译、翻译理论与技巧、商务翻译、经贸翻译、口译理论与技巧、口译基础、笔译基础、应用文翻译、经贸翻译、翻译实习、外事接待口语、外贸跟单、工商导论、市场营销、旅游学概论、旅游地理、旅游美学、旅游经济学、旅游应用文写作、旅游公共关系与实务、导游英语口语、导游基础、导游业务、北京导游基础、旅行社计调与外联服务、旅行社经营实务、酒店英语口语、前厅与客房管理、餐饮服务与管理、饭店管理(38个)	经贸翻译、法律法规翻译、工商导论、市场营销、公共关系与实务、外事接待口语、外贸跟单、旅游经济学、旅游学概论、旅游地理、旅游美学、旅游应用文写作、旅游酒店英语口语、导游英语口语、导游基础、导游业务、北京导游基础、旅行社计调与外联服务、旅行社经营实务、前厅与客房管理、餐饮服务与管理、饭店管理（21个）	55‰
武汉	涉外独资、合资企业和机构、外贸及外贸运输、物流、航运、旅游以及商贸、电子商务企事业单位	武汉航海职业技术学院	商务英语精读、商务英语写作、商务英语口语与听力、商务谈判技巧、商务英语翻译、商务英语口译、外贸英语函电、远洋运输业务、国际礼仪、国际航运管理、国际贸易实务、货代实务、报关与商检、海商法规、办公自动化、现代物流管理（16个）	国际贸易实务、报关与商检、国际礼仪、商务谈判技巧、外贸英语函电、远洋运输业务、国际航运管理、货代实务、海商法规、办公自动化、现代物流管理(11个)	69.7%

地区	区域产业经济职业方向	离职院校	商务英语专业课程名称	服务于地方区域经济课程名称	占所有商务英语专业课程的比例
福建	海峡西岸经济区、会展主办机构、服务机构以及参展企事业单位	福建对外经济贸易职业技术学院	基础英语、商务英语阅读、翻译理论与技巧、口译理论与技巧、口译基础、笔译基础、应用文翻译、经贸翻译、法律法规翻译、商务英语写作、会展项目管理、会展策划、国际市场营销、国际会展服务、会展英语、会展综合实训（16个）	经贸翻译、法律法规翻译、会展项目管理、会展策划、国际市场营销、国际会展服务、会展英语、会展综合实训（8个）	50. 0%
惠州	珠江三角洲地区各类中外合资企业、国外驻华商社、民营企业、贸易公司、货运公司、船务公司和报关公司、高端汽车售后服务公司等	惠州经济职业技术学院	基础英语、口语、英语写作，英语翻译、商务英语、国际贸易理论与实务、外贸函电、外贸单证、商务礼仪英语、报关实务、报检实务、国际服务外包、业务流程外包、服务外包实用英语视听说、外事英语口译、笔译、外事礼仪、外贸单证、跨文化交际、汽车英语、商务礼仪、汽车企业管理、汽车营销、汽车识图、电子商务与网络营销（25个）	外贸函电、外贸单证、商务礼仪英语、报关实务、报检实务、国际服务外包、业务流程外包、服务外包实用英语视听说、外事英语口译、外事礼仪、外贸单证、汽车英语、商务礼仪、汽车企业管理、汽车营销、汽车识图、电子商务与网络营销(17个)	68.0%

华南地区的毕业生在中外合资企业、国外驻华商社、民营企业、贸易公司、货运公司、船务公司和报关公司等机构担任涉外商务助理、外销员、外贸代理员、翻译、业务员、英文跟单员、人力资源专员、行政文员、客户服务专员等，从事外贸业务、外贸跟单、市场营销、进出口报关、货运代理、商务文秘等工作。还有在其他企业担任公关人员、推销员、秘书、教师、行政管理、外事接待、外事管理、外事翻译、对外文化、出国留学咨询等工作。商务英语毕业生就业情况，既说明了各个高职高专学校商务英语专业课程设置的多样化特点，也直接体现了课程设置服务于地方经济的办学特色。

商务英语专业课程设置具有多样化特点。如惠州经济职业技术学院的课程设置，涉及有关商贸的各行各业的知识课程，包括基础英语口语、英语写作、英语翻译、商务英语、实用英语、外事英语口译、笔译、外事礼仪、商务礼仪、国际贸易理论与实务、外贸函电、外贸单证、报关实务、报检实务、国际服务外包、业务流程外包、跨文化交际、职业资格培训、汽车英语、汽车企业管理、汽车营销、汽车识图、电子商务与网络营销等23门课程。

教育部《关于全面提高高等职业教育教学质量的若干意见》明确指出："针对区域经济发展的要求，灵活调整和设置专业，是高等职业教育的一个重要特色"。从上表4.3的数据可知，北京地区高职高专院校开设的适应地方区域经济需求的专业课程占总课程的50%；华中的武汉和福建地区的专业课程分别占68.7%与50.0%；华南的惠州地区的专业课程占76.0%。从数据分析得知，目前高职高专院校都是依托地区经济发展的需求，根据学校自身办学情况设置专业课程。上表所列8所高职高专学校的商务英语专业共有63门课程，大致分为以下几个类别。

（1）国际商务英语（英语）类专业课程：有基础英语、英语写作、英语口语、商务英语、商务英语阅读、商务英语写作、商务礼仪英语、英语翻译、商务英语翻译、翻译理论与技巧、法律法规翻译、经贸翻译、口译理论与技巧、笔译基础、应用文翻译、商务英语口语与听力、谈判口语、商务英语证书课程、实用英语视听说、外事英语口译、商务英语口译、外贸英语函电、酒店英语口语等，共计23门课程。

（2）国际商务类专业课程：有国际贸易理论与实务、商务写作、商务谈判技巧、外贸跟单、货代实务、报关与商检、海商法规、外贸函电、外贸单证等，共计9门课程。

（3）商务英语相关课程：有跨文化商务交流、跨文化交际、商务礼仪等，共计3门课程。

（4）旅游类课程：有旅游学概论、旅游地理、旅游美学、旅游经济学、旅游应用文写作、旅游公共关系与实务、导游英语口语、导游基础、导游业务、北京导游基础、旅行社计调与外联服务、旅行社经营实务等，共计14门课程。

（5）其他类型课程：有工商导论、市场营销、酒店管理、餐饮服务与管理、远洋运输业务、国际航运管理、国际服务外包、汽车英语、汽车企业管理、汽车营销、汽车识图、电子商务与网络营销、现代物流管理、办公自动化等，共计14门课程。

对比上述专业课程设置情况可以看出，总课程科目为63门，商务英语（英语）类专业课程科目占总课程科目之比为23/63，占37%；如将前3项相加为35门课程，即商务英语专业课程与所开设总课程之比为35/63，占57%；旅游类及其他课程与总课程之比为28/63，占44%。由于北京经贸职业学院是以旅游为专业方向，上列14门旅游课程全是该院所开设课程，不一定能代表高职高专专业课程设置的整体情况。就上述数据分析可以得出结论，高职高专学校根据各自办学特色，开办了多样化的专业课程，课程设置整体情况基本吻合商务英语课程设置的国家标准要求，高职高专学校的商务英语专业课程设置方向对头，能够适应地方经济发展需要，真正凸显了自身的办学特色。

4.5 关于学生对商务英语专业课程设置的意见调查

我们访谈调查广东轻工职业技术学院10名大三学生，了解学生对商务英语课程设置的意见。以下是他们对商务英语专业课程的评价及调查数据整理结果。

问题一：你认为商务英语专业课程体系（包括公共课程、专业核心课程、专业方向课程、实践环节、毕业论文五个部分）中，哪部分的实践教学效果最令你满意？请说明你认为最满意的课程的原因：

结果：有3个学生认为对商务英语专业方向课程最满意，原因是“老师讲得好”、“老师布置任务的场景和我工作时遇到的情况很相似”。有3个学生认为对专业核心课程最满意，原因是“实用性强，感觉学到了专业知识”。还有4个学生认为对实践环节最满意，原因是“针对性比较强，实践活动多，活动有趣”。

问题二：你认为商务英语专业课程体系（包括公共课程、专业核心课程、专业方向课程、实践环节、毕业论文五个部分）中，哪部分的实践教学效果最令你不满意？请说明你认为最不满意的课程的原因：

结果：被访谈的学生一致认为对毕业论文最不满意。主要原因是觉得所写的论文在实习工作中没有得到应用。

问题三：你觉得在学校所学商务英语知识在工作中能够得到良好应用吗？（请谈谈具体如何应用的体会。）

结果：有9个学生认为能把学校所学商务英语知识较好地应用于工作中。比如，有学生认为“能用在外贸工作中”、“会写外贸函电的信件”、“我现在所属的行业是展览顾问行业，我能运用这些知识寻找相应的国家的行业展会，再运用我所学的英语知识与这些展会主办方进行谈判。商务英语知识拓展了我的国际视野，对我的工作有很大的帮助。”

从调查结果得知，学生对商务英语专业核心课、专业方向课、实践环节比较满意，对毕业论文不太满意，关于公共课没有反馈意见。从调查结果的原因分析，学生对课程设置的意见，主要是对课程教学方式、教师的授课能力的意见。同时，我们在总结访谈调查结果中，发现有两个值得关注的问题：

（1）校外顶岗实习难度大。学生提到“参加实习机会少，实习过程不够深入”。究其原因为：多数外贸企业规模不大，单位需求人数少，很难一次性接受大批学生实习。外贸企业的工作流程涉及商业秘密或企业的核心机密，并且专业性也比较强，接收单位很难让学生进行实质性的业务实习，不放心让学生顶岗操作。因此，学生即使到了实习单位，也难以深度介入具体操作环节。

（2）需要进一步提升教学团队的整体实力。专任教师多数具有“双师”素质，但由于商务英语专业岗位多的特点，具有企业工作经验的兼职教师人数不多，专任教师的实践能力有待提升。

4.6　对部分高职高专商务英语专业毕业生的调查

我们对部分毕业生进行问卷调查，调查的主要内容有：毕业生就业企业类型、毕业生所从事的行业、毕业生所从事的岗位、在校学习课程知识与实际运用知识的对比等。在对广东轻工职业技术学院商务英语专业毕业生进行的问卷调查中，共发放问卷136份，回收127份（其中有效卷106份，占83.5%）。这些英语专业二年级学生已经学完专业课程，正在参加毕业实习。广东轻工职业技术学院商务英语专业毕业生问卷调查结果如表4.4、表4.5、表4.6所示。

表4.4　商务英语专业毕业生就业企业类型

企业类型	合资企业	外资企业	国有企业	私营企业	其他
人数	35	27	16	23	5
百分比（%）	33.02%	25.47%	15.09%	21.70%	4.72%

由表4.4数据得出：商务英语专业毕业生人数最多的为合资企业（33.02%），在外资企业和私营企业的人数分别是25.47%、21.70%，国有企业所占人数比例是15.09%，其他企业的人数占4.72%。

表4.5　商务英语专业毕业生就业行业

企业所属行业	外贸	金融	制造	服务	教育	其他
人数	32	25	14	26	6	3
百分比（%）	30.19%	23.58%	13.21%	24.5：3%	5.66%	2.83%

由表4.5数据得出：商务英语专业毕业生主要从事外贸、金融、服务、制造业等。其中，外贸行业所占人数最多（30.19%），服务和金融行业占人数分别是24.53%、23.58%，制造和教育行业所占人数较少（13.21%、5.66%）。

表4.6　商务英语专业毕业生主要从事工作岗位

毕业生岗位	外贸单证	商务文秘	国际会展	报关	商务服务	物流	报检	翻译	商务代表
人数	23	20	11	10	8	7	8	9	10
百分比	21.70%	18.87%	10.38%	9.43%	7.55%	6.60%	7.55%	8.49%	9.43%

由表4.6数据得出：商务英语专业毕业生主要从事岗位是外贸单证、商务文秘（所占人数比例分别是21.70%、18.87%），商务服务和物流人数较少（分别占7.55%和6.60%）。

由以上数据分析得知，高职高专商务英语专业课程设置体现了服务地方经济特色化的总体趋势。但是，需要根据地方经济发展的实际情况，在细分市场需求的前提下，设置一些具有地方特色需求的专业课程。如《广东省125经济发展规划》强调“重点发展金融保险、现代物流、信息服务、科技服务、商务会展、总部经济等面向生产的服务业，打造四大现代服务业对外合作示范区”。广东省商务物流和服务业的市场需求大，高职高专商务英语专业在第三产业中的缺口很大，毕业生在商务服务行业比例不高，说明商务英语专业课程设计，应该按照“市场需要什么，我们就提供什么”的思路，紧密联系当地经济发展的实际，精心设置专业课程，服务于区域经济发展的实际需要。

表4.7　在校学习知识比例、实习需要英语知识与商务知识比例

在校所学英语与商务知识比例	在校所学英语与商务知识人数	实习需要英语与商务知识比例	实习需要英语与商务知识人数	百分比
4：6	106	5：5	45	51.89%
		4：6	25	23.58%
		6：4	22	22.75%
		7：3	8	7.55%
		3：7	6	5.66%

根据表4.7列举的在校学生学习知识比例、毕业生实习需要英语知识与商务知识比例数据，经过调查分析显示：学生在校学习的英语语言与商务知识专业课程比例为4：6（包括实训知识）；但在实际工作岗位中使用英语语言与商务知识比例为5：5的学生人数最多，占51.89%；排在第二位的比例为4：6的学生人数占23.58%；以下比例为6：4的占20.75%；比例为7：3的占7.50%；比例为3：7的占5.66%。依据数据分析得知，毕业学生希望同时提高英语语言能力和商务知识能力，他们认为偏重于英语语言或偏重于商务知识能力的课程设置，不太适应社会市场对人才的实际需求。

4.7　总结与启示

教育部《关于全面提高职高专教学质量若干意见》明确提出“以服务为宗旨，以就业为导向”的办学理念。高职高专商务英语课程体系建设必须面对社会经济需求制定专业发展战略，以就业为导向，以发展学生全面素质为基础，以职业能力为本位，注重实践教学，专业课程设计灵活多样，满足社会需求和学生职业设计的需要。目前，紧密联系区域经济发展实际需求，科学合理地进行专业设置，是提升高职高专院校核心竞争力需要解决的关键问题。遵循以上办学指导意见，结合调查分析，我们提出关于建设离职高专商务英语课程体系的以下意见：

高职高专课程设置应该遵循服务于地方区域经济的原则，结合本地区经济特点，积极开设符合本区域经济、文化发展需要的课程，以服务地方经济为宗旨，以市场需求为导向，依托市场进行理性定位，突出产学研合作，培养具有商贸知识的应用型英语人才。商务英语专业要根据区域经济发展的需要，制定商务英语人才的培养方向和目标，建立科学的、适用的课程体系。根据地方产业结构和优势产业发展的需求，形成新型现代商务英语人才培养模式，培养立足本土，服务第一线的实用型人才。要加强专业建设力度，优化课程体系，改革教学内容，建立能力型商务外语人才培养模式，着力培养熟练掌握专业技术，并能够成功开展文化交流的专业人才。高职高专课程设置应该充分利用区域资源开展项目合作，紧密联系区域经济产业结构和技术要求，建设与区域经济紧密相联的特色专业，更好地服务于区域经济（付明瑞，2009）。

课程设置应遵循多样化的原则，实行分阶段、分模块的课程教学模式。商务英语专业课程主要分为职业基础课程模块、职业能力课程模块和职业拓展能力模块。每个模块分别按照基础课程、专业课程和综合课程进行课程设计，组织阶段式教学，在毕业前顶岗实习时进行综合实训，形成具有系统性的学习领域课程体系。教师在课堂教学中要注重创设环境，模拟真实场景，引导学生在“学中用，用中学”，增强学生的感性认识，让学生体验具体的商务情境，调动学生的学习热情，积极主动地参与教学，帮助学生掌握商务专业知识技能，培养学生商务社交能力（宋梅梅，2006）。

课程设置应该遵循办学地方特色化的原则，建立以培养职业岗位能力为核心、提高综合素质为主线的实践教学体系。构建以学生为中心、以就业为导向的实践性教学模式。在实际教学过程中创新教学方法，采用项目导向、任务驱动、工学结合等新型教学模式，培养学生实际操作能力。

高职高专院校商务英语专业要加大实践课时的比例，在培养学生的实践能力（技能）方面下力气、花功夫。顶岗实习是校企合作、工学结合模式的关键环节，是训练商务操作技能的载体。通过顶岗实习，学生充分融合语言和商务知识，参与综合职业能力素质的强化训练，可以增加社会工作经验，增强岗位意识和岗位责任感，帮助学生顺利踏上工作岗位。通过顶岗实习，学生能够及时发现自身的不足，从而在理论学习中更具有针对性。要提高校外实训基地产学合作层次，建立“相互需要、互惠互利、相互参与、相互依存、组织落实、工作落实、产学结合、校企合作”的教育办学机制，加快专业实习基地建设发展步伐。

高职高专商务英语专业教育的关键环节，就是要有一支具有专业知识和实践经验的教师队伍。要加大具有实践经验教师的比例，优化师资队伍结构，鼓励专业教师到实践岗位顶岗挂职，增强专业教师的企业工作经验，实现一专多能，提升教师的实践教学水平。高职高专要加强兼职教师队伍建设，形成实践教学的教师骨干队伍。要积极从校外聘请一些经验丰富、实践能力强的行业骨干或专家作为商务英语专业的兼职教师，让他们承担教学任务，指导专业实践教学，促进商务英语专业课程和实践课程共同发展（宋梅梅，2006）。

第5章 商务英语本科课程体系研究

5.1 引言

课程设置是保证高校商务英语人才培养的关键要素，是保证教学质量的基石。要适应国家和经济社会发展的需求，就要加强基础性建设，课程体系是教学的基础建设。商务英语课程体系的研究和设计，是关系到学科发展和人才培养规格的大事，是十分重要的基础性建设（王兴孙等，2001）。本章基于高校课程体系设计应该体现层次化、特色化、地方化的思维角度，对商务英语学科人才培养目标、课程体系、课程设置、教材使用评估等问题进行分析论证，并采用实证分析方法，分析目前高校商务英语本科课程体系的实际状况，提出构建商务英语本科课程体系的基本思路。

5.2 商务英语本科课程体系研究背景及意义

2007年教育部批准增设商务英语本科专业，对外经济贸易大学成为第一个批准开设该专业的学校；2008年，教育部批准广东外语外贸大学开设商务英语专业。我国商务英语学科从无到有，发展迅速（叶兴国，2013）。到2015年，全国开设该专业的高校已经增加到300所，覆盖了所有类型和办学层次的高校，并呈快速上升趋势。与此同时，商务英语专业的快速发展，也在教学实践中提出了一些急待解决的学科建设问题。作为以市场为导向的新兴特色专业，由于其开设时间尚短和缺乏可借鉴经验，课程体系构建不够完善，人才培养也未达到预期目标，课程体系建设成为一个急待解决的现实问题。

国内许多学者对商务英语本科课程设置展开了相关研究。早在2001年，王兴孙和陈洁就提出商务英语课程体系应该遵循以下几个原则：即适应需求原则、与国际接轨的原则、从实际出发的原则、不断完善的原则等。而后，许多学者基于不同理论视角对商务英语的课程设计展开研究，包括建构主义、教育生态学视角、需求分析理论、模块学说、能力培养视角等。赵牟丹（2008）以建构主义理论的知识观、学习观以及情景观为指导，对长春5所高校商务英语课程体系设计情况进行实证调研，发现建构主义适用于商务英语的课程设计，可以适当增加实践课的比重，整合某些商务英语技能课程并且运用多媒体等手段营造商务情景。严瑾（2009）通过抽样调查商务英语专业本科生的实际需求，建立了一套模块化的商务英语课程，并以此为标准对湖南省本科院校的商务英语课程设置情况进行描述和评价。薛金祥（2011）提出商务知识与语言能力、跨文化交际能力与语言能力、自主学习与课堂教学、人文素养与专业素质、实践教学与理论教学、现代信息技术与传统教学手段等六对生态关系式课程体系建构的途径，进而建构“知识十技能十素养+实践”商务英语专业课程体系生态模式。傅超波（2013）以福建农林大学英语专业教学改革为例，探讨基于模块学说的商务英语课程体系构建。

近些年来，教育界开始探索基于能力培养的商务英语专业课程体系建设。有些高校还开发“职业能力分析”商务英语模块化课程体系，将岗位所需的知识和职业能力进行分解，并在此基础上设置相应的基础课程、专业核心课程和依据商务具体环节的技能设置教学项目。但是，这种模式只是将英语语言课、商务类基础课和专业课进行简单地组合，尚未根据实际教学过程进行有效地、系统地重组和整合。王明岩和官钦翠（2013）提出在教学过程中建构商务英语专业课程体系，认为以职业能力培养为本位的高校商务英语教学改革，应从职业岗位和专业培养目标分析人手，按照职业性、开放性、实践性的原则，系统设计商务英语专业的教学内容排序、教学模式、管理模式以及相应的教学资源与环境，构建具有现代高等教育特色和商务英语专业特色、基于工作过程系统化、以学生职业生涯为背景的课程体系。

孙杨（2011）认为商务英语课程设置主要存在以下3个问题：

（1）商务英语专业课程体系还停留在“英语+商务”的简单叠加，没有突出核心课程在课程体系中的重要地位；

（2）专业课程结构不合理，课程结构缺乏整体优化，部分课程类型设置、课程性质划分和课时安排不合理；

（3）仍然存在“重知识学习，轻能力培养”的软化现象，没有重视课程体系中的实践教学环节。

吕英莉和范玲（2013）通过对北京城市学院商务英语在校生、毕业生和用人单位的主客观需求情况进行调查，分析商务英语专业设置的问题，提出了科学优化专业课程的建议。她们在对商务英语往届毕业生调查中发现：

（1）商务英语专业就业面广，就业岗位类型多样。其中合资企业占32%，85%的工作都与英语专业相关；而在岗位类型中，教育管理培训岗位占30%，营销人员占27%。因此，课程设置应该适应社会对人才的要求。

（2）商务类核心课程专业能够满足学生工作需求，在工作中使用效率较高的专业课程国际贸易实务占92%，商务读写课程占80%，国际商法课程占80%，因此，应该加大商务类的核心专业课程的比例。

（3）培养学生综合能力是提高学生就业竞争力的关键。商务英语本科学生就业前景面临巨大挑战，社会更加注重商务英语人才的翻译和实践能力。目前我国商务英语课程设置仍然围绕英语听说读写译等基本语言能力的培养，在培养实践能力和组织能力方面有待进一步提高。

关于商务英语课程体系的研究，反映了当前商务英语课程体系中的实际情况。既有基于不同视角的研究，也有实证调研的依据，为商务英语课程体系建设提供了很好的参考意见，但还存在以下几点不足：

（1）关于课程设置内容的调查，虽有一些实证研究，但因为被调查对象主要是在校生、毕业生及用人单位，他们对于商务英语课程体系的反馈意见，具有一定的局限性，尚未有专门针对商务英语专业课程设置、教学计划及培养方案等的整体研究。

（2）已有的被研究调查的院校局限于单个或几所高校，而且被调查高校具有同质性，没有真正反映出高校商务英语专业课程设置的整体情况。

（3）关于商务英语课程体系的研究，在评估标准方面缺乏理论依据。

上述关于商务英语课程体系的调查研究，充分说明商务英语学科建设应该站在新的高度，前瞻性地提出商务英语课程体系建构思路。2016年，国家将正式发布《高等学校商务英语专业本科教学质量国家标准》（以下简称“国标”），本标准适用于各类高等学校的商务英语本科专业。各高等学校应根据本标准、相关行业标准和人才需求，制订本校商务英语专业培养方案。本标准是商务英语本科专业准入、建设和评价的重要依据。“国标”的发布既是商务英语课程体系建设的一个有利契机，也是学科建设的一个重要节点。值得注意的是，在商务英语教学过程中，由于高校所在区域经济、区域文化、办学主体、办学层次等方面存有差异，“国标”只能作为学科专业方向的指导原则。在课程体系设计的实际过程中，要更好地满足当地市场需求、学生需求，体现层次化、地方化、特色化的商务英语课程体系设计思路，还需要做好课程体系细化设计的具体工作。因此，本章通过对全国300所中20所开设商务英语专业本科院校①②的培养目标、课程体系、教材评估等3个方面展开抽样调查，结合实证分析的调研数据，对比分析不同高校在商务英语课程体系设计上存在的异同，针对当前本科商务英语的课程体系存在的问题，提出商务英语课程体系设计方案，以图改进商务英语本科教学，满足国家和市场对商务英语应用复合型人才的需要。

a 调研高校包括：西南财经大学、浙江工商大学、扬州大学、上海外国语大学、西安外国语大学、对外经济贸易大学、广东外语外贸大学、广东工业大学、北京林业大学、闽南师范大学、暨南大学、四川外国语大学、上海财经大学、黑龙江大学、铜陵学院、广东金融学院、大连外国语大学、九江学院、广东外语外贸大学南国商学院、河南科技大学。

b ②东部沿海地带包括辽宁、北京、天津、上海、河北、山东、江苏、浙江、福建、广东、广西、海南、台湾13个省、市、自治区、直辖市，中部地带包括黑龙江、吉林、山西、内蒙古、安徽、河南、湖北、湖南、江西9个省、自治区，西部地带包括重庆、四川、云南、贵州、西藏、陕西、甘肃、青海、宁夏、新疆10个省、自治区、直辖市。大学、上海财经大学、黑龙江大学、铜陵学院、广东金融学院、大连外国语大学、九江学院、广东外语外贸大学南国商学院、河南科技大学。

5.3 关于商务英语人才培养目标

影响商务英语课程设置的首要因素是人才培养目标的定位，人才培养目标直接决定了培养模式和课程体系的顶层设计。《商务英语国家标准》提出的人才培养目标是：商务英语专业旨在培养英语基本功扎实，具有国际视野和人文素养，掌握语言学、经济学、管理学、法学（国际商法）等相关基础理论与知识，熟悉国际商务的通行规则和惯例，具备英语应用能力、商务实践能力、跨文化交流能力、思辨与创新能力、自主学习能力，能从事国际商务工作的复合型、应用性人才。由于本科院校办学主体、学校所属类别、办学层次、学校所在区域经济存在差异性，商务英语专业在遵循“国标”的基础上，也应该体现人才培养目标的层次化、地方化、特色化。以下将在高校办学层次、所在区域经济、所属类别进行学校分类（详见表5.1、表5.3、表5.5）的基础上，对比分析所选高校商务英语专业培养目标的异同。

根据高考录取批次进行高校办学层次分类：一本包括重点本科、普通一本大学；二本即普通二本大学；三本普通三本大学。高校所属类别根据按照学科设置和办学特色进行分类，如综合类院校、语言类院校、理工类院校、农林类院校、医药类院校、财经类院校、师范类院校等。高校区域经济按照国家规划的区域发展布局进行分类，分为东、中、西三个经济地带［ ］。

5.3.1 关于高校培养人才目标的层次化

各个高校在生源、师资、教学资源等方面存在的差异，形成了不同的办学层次格局，，在商务英语人才培养模式设计中，应该在符合国标的基础上实现人才培养目标的层次化。我们在高校办学层次分类的基础上（如表5.1），对其培养目标进行分析研究。

表5.1　所选高校办学层次分布

一类本科	西南财经大学、浙江工商大学、扬州大学、上海外国语大学、西安外国语大学、对外经济贸易大学、广东外语外贸大学、广东工业大学、北京林业人学、闽南师范大学、暨南大学、四川外国语大学、上海财经大学、黑龙江大学、大连外国语大学、河南科技大学
二本	铜陵学院、广东金融学院、九江学院
三本	广东外语外贸大学南国商学院

（1）上列本科院校商务英语专业的培养目标都遵循“国标”的基本要求，即商务英语专业的学生是具有扎实的语言基本功、掌握商务理论知识和技能、具有良好的人文素养和国际化视野的复合型应用性人才。在一本院校中，广东外语外贸大学、对外经济贸易大学和西安外国语大学都开设了不同的专业方向，其中仅有西安外国语大学针对不同专业方向设立了培养目标。

（2）上列各高校培养目标内涵基本相似，培养目标未能体现学生就业去向的层次化。在被调查的高校中，上海外国语大学、西安外国语大学和铜陵学院将政府部门纳入到学生的培养就业去向，这就违背了以市场为导向的就业去向基本思路。因此，不同办学层次的高校商务英语毕业生的日标定位，成为商务英语人才培养目标的中心问题。

以高校毕业生的实际就业情况为例，对各高校的培养H标与其办学层次是否吻合进行考证。如广东外语外贸大学国际商务英语学院商务英语专业的培养目标是：商务英语专业以英语为主，商务为辅，突出“英语＋商务”人才培养特色，培养具有扎实的英语语言基础、娴熟的英语交际能力、良好的文化素养、系统的商务知识、宽阔的国际视野，善于跨文化交流，适应经济全球化竞争，能胜任国际商务管理、国际贸易、国际金融、国际交流、涉外法律等部门工作的高素质商务英语人才。从2007年至2010年，该校的毕业生就业去向主要集中在三资企业、国有企业、私营企业和民营企业等四个方向，如表5.2所示。

表5.2　广东外语外贸大学国际商务英语学院

年份	国家机关	国有企业	民营企业	三资企业	私营企业	高等院校	普教系统	其他
	比例	比例	比例	比例	比例	比例	比例	比例
2007	1. 68%	18. 52%	9. 43%	39．39%	13．47%	1. 68%	0．34%	15．49%
2008	3. 78%	24. 13%	8. 13%	45.93%，	13.66%	1.16%	0．58%	2. 33%
2009	3. 44%	18. 96%	26. 35%	17. 73%	23. 89%	1.97%	3.94%	3.72%
2010	4. 09%	28. 64%	18. 93%	19. 95%	21.74%	0．77%	1. 28%	4．09%
2011	8.63%	22. 04%	38. 98%	16. 29%	3.83%	2. 56%	0. 32%	7.35%
2012	4．82%	22. 51%	39.52%	20. 19%	8. 68%	0.32%	1. 61%	2. 45%
2013	4. 10%	33. 12%	21. 15%	16. 72%	21. 45%	0.32%	2. 29%	0．62%
2014	4. 06%	13. 13%	44. 38%	15. 31%	19. 38%	0．31%	2.5%	0．93%

注：以上统计数据中各年级总人数为参加就业的毕业生总人数，不包括继续深造以及未能正常毕业的学生。

总体来说，广外国际商务英语学院商务英语专业毕业生就业去向基本符合培养目标。

5.3.2　关于高校培养人才目标的地方化

高校所在区域经济也是制定人才培养目标的主要参考因素。在商务英语人才培养模式设计过程中，培养目标应该在符合国标的基础上体现地方化的特点。我们按照被调查高校所在区域经济地带进行分类（见表5.3），并对其培养目标进行对比研究。

表5.3　所选高校所属经济地带分布

东部经济地带	浙江工商大学、扬州大学、上海外国语大学、对外经济贸易大学、广东外语外贸大学、广东工业大学、北京林业大学、闽南师范大学、暨南大学、上海财经大学、海南大学、广东金融学院、黑龙江大学、大连外国语大学、广东外语外贸大学南国商学院
中部经济地带	西安外国语大学、铜陵学院、九江学院、河南科技大学

（1）上列处于不同区域经济地带的高校商务英语专业人才培养目标中，广东工业大学、广东金融学院在培养目标中提出满足国家和地方社会经

济发展目标需求，两个高校的具体培养目标如下：

广东工业大学的人才培养目标是：商务英语专业旨在培养德才兼备、具有坚实的英语语言基础知识和跨文化交际能力、掌握国际商务基础知识和理论，具备较强的商务操作技能和业务处理能力，能够满足国家和地方社会经济发展需要的复合型应用型商务英语人才。

广东金融学院的人才培养目标是商务英语专业培养适应社会经济建设需要，德、智、体、美全面发展，面向华南地区特别是广东经济社会发展的人才需要，具有扎实的英语基本功、宽阔的国际视野、专门的国际商务知识与技能，掌握经济学、管理学及法学等相关学科的基本知识和理论，具备较强的跨文化交际能力与较高的人文素养，能在国际环境中熟练使用英语从事商务、经贸、管理、金融、教育等工作的复合应用型涉外商务的商务英语专门人才。广东金融学院的人才培养目标，有着具体的地域指向，即“面向华南地区特别是广东经济社会发展的人才需要”，在众多开设商务英语本科专业院校中，凸显了该校在人才培养方面的地域属性。

（2）高校商务英语专业应该利用其所在区域经济的优势，既满足市场需求又满足学生的需求，为当地区域经济发展提供相适应的人才供给。目前部分高校的培养目标没有紧密地切合地方需求，导致学生掌握的技能不能适应当地市场的需求，出现商务英语专业毕业生扎堆在大城市寻找就业机会，当地区域还是商务英语人才紧缺的现象。在被调查的高校中，上海和广州高校在培养目标设计中相对凸显地方特色化。以广东外语外贸大学国际商务英语学院商务英语专业毕业生就业单位地域分布情况为例（见表5.4）。

由表可知，由于该校所在广州地域经济相对发达，就业渠道比较畅通，毕业生大部分都在本地就业，为当地经济服务。虽有部分学生去其他二、三线城市，但选择到省外地区工作学生较少，学生即使选择省外地区也主要是回生源所在地。据此，高校商务英语专业的培养目标应该植根于地方经济的需求，体现培养目标地方化的特色，才能实现商务英语人才服务于地方经济的目标。

表5.4 广东外语外贸大学国际商务英语学院毕业生就业单位地域分布比例

年份	广州市	深圳市	珠三角地区	省外地区
	比例	比例	比例	比例
2008	63. 08%	8. 43%	24. 42%	4.07%
2009	63. 77%	9. 18%	21. 58%	5. 46%
2010	42.05%	12. 05%	35.90%	10. 00%
2011	38. 44%	14. 25%	38. 19%	9. 12%
2012	36%	17%	37%	10%
2013	54. 26%	14. 83%	24. 60%	6. 31%
2014	40. 00%	18. 13%	28.12%	13. 75%

上海是中国的经济、交通、科技、工业、金融、贸易、会展和航运中心，GDP总量居中国各城市之首，上海将在2020年建成国际金融、航运和贸易中心。因此，适应上海国际金融、国际贸易等服务行业的发展趋势，培养应用型、复合型商务英语毕业生非常必要。上海财经大学顺应经济全球化的新形势，响应国家“走出去”经济战略，适应上海市设立“总部经济区域”对高层次人才的新要求，在商务英语专业培养EI标中，除了培养学生的语言基本功和经管法相关学科理论知识外，专门突出培养学生分析和解决问题能力、创新思维与实践能力，着力培养学生对异国文化的理解和认识。具体课程设置围绕培养目标而展开，以更好适应当地国际化经济区域对高层次商务人才的新要求。

5.3.3 关于高校培养人才目标的特色化

充分发挥高校所属类别的学科优势，在商务英语课程体系设计过程中，体现培养目标的特色化，也是课程设置所要考虑的主要问题。我们在对被调查高校所属类别进行分类的基础上（见表5.5），对其培养目标进行对比研究。

表5.5　所选高校所属类别分布图

财经类	西南财经大学、浙江工商大学、对外经济贸易大学、铜陵学院、广东金融学院、上海财经大学、广东外语外贸大学南国商学院
综合类	扬州大学、暨南大学、黑龙江大学、九江学院
理工类	广尔工业大学、河南科技大学
农林类	北京林业大学
师范类	闽南师范大学
语言类	上海外国语大学、西安外国语大学、广东外语外贸大学、四川外国语大学、大连外国语大学

各个高校在培养目标上凸显了学校类别优势和办学特色。下列上海财经大学、西南财经大学、浙江工商大学、西安外国语大学、暨南大学、黑龙江大学等高校的办学特色如表5.6所示。

表5.6　高校商务英语专业培养目标特色

高　校	学校特色
好海财经大学	强蒯毕业生应胜任跨国公司管理、内外资银行、四大会计事务所等部门工作，体现出其所属财经类院校的优势。
西南财经尺学	利用学院英语学科优势，依托西南财经大学经济学、管理学等财经类强势学科资源。
浙江工商大学	强调掌握与国际商务相关的经济学、管理学、法学、社会学等学科的基本知识和理论，增加社会学相关知识，有助于培养人文素养。
西安外国语大学	根据开设方向设立培养目标。
暨南大学	将具有初步的科研能力和适于从事教学工作等内容纳入培养日标。
大连外国语大学	强调掌握应用语言学、应用经济学学科知识和培养学生创新意识以及创新能力。
黑龙江大学	将外事、教育等部门工作和商务英语专业教学与研究等纳入培养目标。

广东外语外贸大学南国商学院对培养目标进行具体化设计，强调本专业学生应该参加英语专业四、八级或BEC中级、高级考试，达到教育部教学大纲或BEC中级、高级所要求的水平和具有较强的计算机及信息技术运用能力，学生须参加全国高校计算机二级水平考试。作为三本院校，办学目标定位是培养职业技术人才和应用型人才，以就业需要为导向，在专业设置时紧

密结合社会需求。该校培养要求与学校定位相符，强调应用性和掌握技能，凸显了办学特色

5.4 关于课程设置的层次化、地方化和特色化

商务英语课程设置是教学的核心内容，作为专业培养目标得以实现的途径，合理的课程设置（包括课程结构和课程内容）非常重要，以下对被调研高校的商务英语专业学分、学时分配、课程结构和课程内容等内容进行分析（详见表5.7，表5.8）。如对外经济贸易大学、河南科技大学、浙江工商大学、广东外语外贸大学、暨南大学、西南财经大学、大连外国语大学、北京林业大学、九江学院、铜陵学院和广东外语外贸大学南国商学院等院校，包含各个办学层次、不同区域经济地带和不同的学校所属类别。

表5.7 高校商务英语专业学分、学时分配情况

<table>
<tr><th>学 校</th><th>对外经济与贸易大学</th><th colspan="2">浙江工业大学</th><th>河南科技大学</th><th>广东外语外贸大学</th><th>暨南大学</th><th colspan="2">西南财经大学</th></tr>
<tr><td>总学分</td><td>182</td><td colspan="2">160</td><td>1 72</td><td>165</td><td>160</td><td colspan="2">172</td></tr>
<tr><td>总学时</td><td>2 826</td><td colspan="2">2 567</td><td>2 372+36</td><td>2 808</td><td>2 810</td><td colspan="2">2 528</td></tr>
<tr><td>大学外语教育课程学分</td><td>92</td><td colspan="2">10</td><td>71</td><td>65</td><td>60</td><td colspan="2">26</td></tr>
<tr><td rowspan="2">专业方向课学分</td><td rowspan="2">22</td><td>必修</td><td>74</td><td>12</td><td rowspan="2">40</td><td rowspan="2">62</td><td rowspan="2" colspan="2">18</td></tr>
<tr><td>选修</td><td>31</td><td>5</td></tr>
<tr><td rowspan="2">公共基础课/通识课程学分</td><td rowspan="2">40</td><td rowspan="2" colspan="2">29</td><td rowspan="2">45</td><td rowspan="2">46</td><td rowspan="2">26</td><td>通识基础</td><td>59</td></tr>
<tr><td>核心</td><td>10</td></tr>
<tr><td>实践教学：专业实习与毕业论文</td><td>23</td><td colspan="2">被列入“专业课”类</td><td>16</td><td>14</td><td>12</td><td colspan="2">8</td></tr>
<tr><td>其他实践教学</td><td>16</td><td colspan="2">任意选修课：16</td><td>23</td><td>0</td><td>0</td><td colspan="2">6</td></tr>
</table>

表5.8 高校商务英语专业学分、学时分配情况

<table>
<tr><td colspan="2">学 校</td><td>北京林业大学</td><td>闽南师范大学</td><td colspan="2">大连外国语大学</td><td>九江学院</td><td colspan="2">铜陵学院</td><td>广东外语外贸大学南国商学院</td></tr>
<tr><td colspan="2">总学分</td><td>182.5</td><td>159</td><td colspan="2">187</td><td>167.5</td><td colspan="2">180</td><td>158</td></tr>
<tr><td colspan="2">总学时</td><td>/</td><td>2 862</td><td colspan="2">2 986</td><td>2 271</td><td colspan="2">2 492</td><td>2 660</td></tr>
<tr><td colspan="2">大学外语教育课程学分</td><td>54.5</td><td>54</td><td colspan="2">0</td><td>37
基础教育</td><td colspan="2">38</td><td>38</td></tr>
<tr><td rowspan="2">专业知识教育课程学分</td><td>必修</td><td>37.5</td><td>26</td><td colspan="2">78</td><td>47.5
专业教育</td><td colspan="2">34</td><td>37</td></tr>
<tr><td>选修</td><td>31.5</td><td>20</td><td colspan="2">28</td><td>18
专业教育</td><td colspan="2">18</td><td>0</td></tr>
<tr><td colspan="2" rowspan="2">全人通识教育课程学分</td><td>30</td><td rowspan="2">35</td><td>必修</td><td>47</td><td rowspan="2">42.5
综合教育</td><td>必修</td><td>46+2
创业就业课</td><td rowspan="2">47</td></tr>
<tr><td>14</td><td>选修</td><td>17</td><td>选修</td><td>10</td></tr>
<tr><td colspan="2">实践教学：专业实习与毕业论文</td><td>8</td><td>24</td><td colspan="2">8</td><td>16</td><td colspan="2">11</td><td>7</td></tr>
<tr><td colspan="2">其他实践教学</td><td>7</td><td>17</td><td colspan="2">9</td><td>6.5</td><td colspan="2">21</td><td>29</td></tr>
</table>

5.4.1 关于商务英语课程体系的分析

我们从表5.7、表5.8中所提供的情况可以看到，所有的本科院校商务英语专业的总学分都不低于155分，这说明本科层次的总学分的起点应为155个学分。各高校商务英语课程体系组成部分既有相同之处，又有各自课程体系的特点。相同之处在于商务英语课程体系都由以下5个主要部分组成：公共课/通识课、学科基础课、专业方向课、实践教学——专业实习与毕业论文和其他实践教学环节等。将这5个部分进行整理后，其具体图像如图5.1。

通识教育/公共课程分为公共必修课程和公共选修课程，旨在夯实基础，拓宽口径，加强科学精神和人文精神的贯通和融合，强调学生掌握宽厚的学科知识背景，促使学生全面发展。学科基础课既包括商务英语语言知识和技能，也包括商务英语学科基础的商务类与文化类知识和技能。专业课程体现了专业培养要求、专业特点和人才知识结构，为学生将来从事与本专业相关工作做好必要的知识准备。专业课程分为专业必修课程、专业限选课程、专业方向限选课程（有方向的专业）和专业任选课程。高校应该结合自身的实际情况，如所属层次、所在区域经济特点和高校所属类别开设专业课程。专业选修课程可以按照学生最低

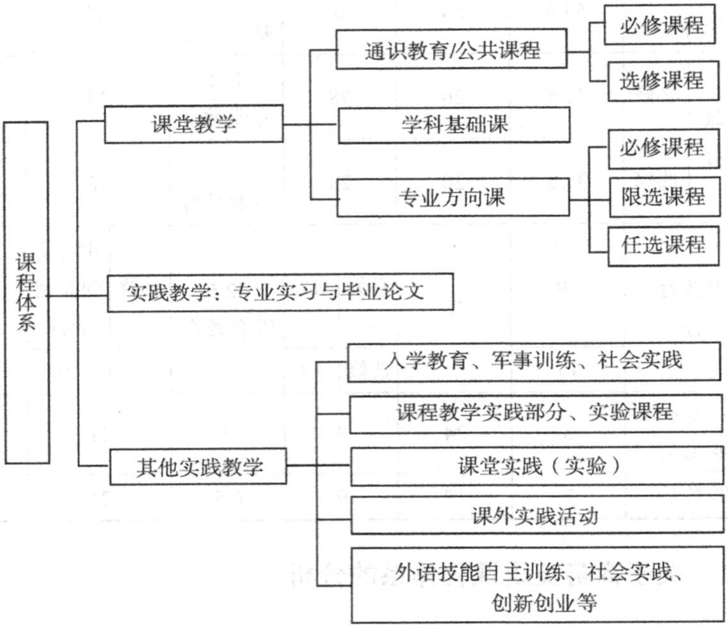

图5.1　商务英语本科阶段部分院校课程体系

选修学分的1.5～2倍设置课程，以供学生根据学习兴趣或职业发展需求进行课程选修。实践教学旨在培养学生的创新精神和实践能力，主要分为专业实习、毕业论文和其他实践教学两种形式。

有些院校的课程体系设计比较特殊，如浙江工商大学将“实习和毕业论文”列入专业方向课，其“实验、实习、实训、上机”嵌入在课程体系的各个部分。又如九江学院的课程体系包括综合教育、基础教育、专业教育、专业实习与毕业论文和实践教学环节等5个部分。大连外国语大学则没有学科基础课程，该校将该部分课程全部纳入专业方向课中。各层次本科院校的商

务英语专业课程体系组成部分基本保持一致，不同之处在于课程体系内部学分安排上存在很大差异。我们下面从商务英语课程体系的层次化、特色化和地方化三个方面进行分析。

5.4.2　关于课程层次化的分析

课程层次化的主要表现：

（1）一本院校在学科基础课程设置和学分安排方面呈现级差大、多样化的情况。被调查高校基础课程的学分从0学分到最高的92学分，大连外国语大学没有学科基础课，该部分课程全部在专业方向课程，必修课程为78学分。这样的学分分配在没有划分专业方向时区别不大，但将课程学分纳入不同部分和不同的年级课程时就会有所不同。学科基础课是开设专业方向的基础课程，该校这样的学分分配和学时安排，可能会导致课程内容难以适应低年级学生和高年级学生的学习需求。浙江工商大学的学科基础课只有10个学分，包括“二外”8个学分和“现代汉语”2个学分。对外经济贸易大学学科基础课的学分高达92学分，专业方向课程只有22学分，该校将商务英语专业方向分为工商管理方向和国际贸易方向。在工商管理方向开设营销学和财务管理导论，国际贸易方向开设国际贸易和进出口实务。其他课程如“商务统计”、“工商导论”、“国际金融导论”、“电子商务”、“国际营销专题”、“国际经贸专题”和“创业学”等都被列为学科基础选修课，这样设置课程的合理性需要论证考量。西南财经大学则将部分专业方向课和学科基础课安排在公共课/通识课程中。

商务英语学科应该普及经济学和管理学的基本知识，部分高校将“经济学通论”、“管理学通论”纳入通识教育核心课程，这种课程设置可以采纳。目前主要的问题是，通识课程与学科基础课程设置比较混乱。如商务英语课程应该纳入学科基础，英语写作应该纳入通识课程，培养英语语言能力应该是通识课程，培养专业英语能力应该是学科基础课程，但部分高校却是相反的做法。为了做到专业培养精细化、专业分工化，设置学科基础课程非常必要，学校可以根据师资和生源具体情况，学生在修得学科基础课学分后，再进行专业课程的层次化教学。

（2）二本和三本院校的课程学分分配基本相似。三本院校突出实践环节的重要性，在相比其他层次高校总学分较少的情况下，学生所修实践环节学分为29学分。三本院校在学分学时分配体现出层次化，与其学校培养实用型人才的定位目标和学校所在层次定位相吻合，有利于满足学生需求和市场需求。对比之下，虽然一本院校在师资、生源和其他资源方面，较之二本院校具有优势。但一本和二本院校并没有体现课程体系的层次化，这是一本院校在课程设置、课时分配、学分安排方面需要关注的问题。

5.4.3 关于课程特色化的分析

部分高校在商务英语学科基础课程、专业方向课程学分安排（包括选修和选修课部分）等方面，学生修得学分与其学校所属类别密切相关。表5.9列举出各类院校在学科基础课和专业方向课的特色课程。

由表5.9可以看出，财经类院校如西南财经大学、对外经济贸易大学、浙江工商大学和广东外语外贸大学南国商学院，综合类院校如暨南大学，语言类院校如广东外语外贸大学、大连外国语大学，农林类院校如北京林业大学等，能够发挥学校学科类别优势，突出特色课程学分要求。财经类院校商务英语课程学分分配凸显特色化，如西南财经大学，利用自身财经学科背景，开设与金融、财经相关的课程。对外经济贸易大学作为教育部批准的第一个开设商务英语专业的高校，利用自身的经济与贸易学科优势，将商务英语专业分为工商管理方向和国际贸易方向，设置大量满足学生就业需要的商务知识和技能课程。北京林业大学在课程设置中，提供可供选择的农林经济英语阅读课程和农林英语口译课程。

表5.9 各类院校商务英语基础课程和专业方向课程的设置情况

财经类	西南财经大学： 经济学原理（英语）、商务导论（英语）、国际商务（英语）、国际贸易实务（英语）、国际支付与结算（英语）、货币金融学（英语）、现代金融实务（英语）、国际金融、国际营销、人力资源管理、电子商务、国际商业文化、财务管理、中西方文化比较
	浙江工商大学： 单证与ISO管理体系、国际商务礼仪、国际贸易实务（英）、国际金融英语、商务导论（英）、旅游实务英语、互联网英语、国际物流英语、国际营销英语、商务英语专业导论、商务英语专业实践、创新与创业、综合商务技能、中国文化概论
	对外经济贸易大学： ①商管理方向：商法导论（英）、工商导论（英）、营销学（英）、财务管理学导论（英）、国际政治导论（英）、社会学导论（英）、商务统计（英）、文化资本引论（英）、国际金融导论（英）、电子商务（英）、国际营销专题（英）、国际经贸专题（英）、创业学（英）、国际商业文化（英）、商务交际实践（英） ②国际贸易方向：进出口实务（英）、国际贸易（英）、商法导论（英）、国际政治导论（英）、社会学导论（英）、商务统计（英）、文化资本引论（英）、国际金融导论（英）、电子商务（英）、国际营销专题（英）、国际经贸专题（英）、创业学（英）、国际商业文化（英）、商务交际实践（英）
	铜陵学院： 国际商务文化（英）、国际市场营销（英）、国际商务谈判（英）、国际贸易实务（英）、商务沟通（英）、商业伦理学（英）、国际项目管理（英）、国际商法（英）、电子商务（英）、商务统计（英）
	广东外语外贸大学南国商学院： 国际贸易实务（英）、人力资源管理（英）、国际市场营销（英）、国际商务谈判（英）、中西文化比较、国际商务礼仪（英）、当代商业概论（英）、电子商务（英）、国际商法（英）、统计学（英）、会计学（英）、国际金融（英）、财务管理（英）、创业与创新
综合类	暨南大学： 国际贸易实务（英）、国际贸易单证（英）、会计实务、国际结算、电子商务、人力资源管理、公共关系学、国际商务谈判、商务法律文书、中西文化比较、市场营销
	九江学院： 中国文化史、国际贸易、进出口业务、商务英语专业导读、商务英语专业技能训练、商务谈判、国际商法

理工类	河南科技大学： 国际商务概论、国际贸易实务、国际市场营销、外贸英语函电、商务英语谈判、商务单证、商务公关、国际商法、国际商务文秘、国际金融、国际支付与结算
农林类	北京林业大学： 工商导论（英语）、金融学（英语）、市场营销学（英语）、世界经济概论、应用语言学与英语教学、国际商务谈判、国际商务热点专题、农林经济英语阅读、农林英语口译、会计学基础（英语）、国际商法（英语）、电子商务（英语）、国际商务（英语）、国际贸易实务（英语）
师范类	闽南师范大学： 国际商务虚拟运行与实务、国际贸易理论与实务、国际商务导论、国际商务、市场营销、进出口报关、旅游英语、管理英语、广告英语、商务谈判与礼仪、国际物流、金融英语、会展英语、电子商务（没有经济学和管理学）
语言类	广东外语外贸大学： ①务英语（国际商务管理） 经济学原理、当代商业概论、国际商法、会计学原理、管理学原理、人力资源管理、企业战略管理等 ②商务英语（国际贸易） 经济学原理、当代商业概论、国际商法、国际贸易实务、国际贸易、国际结算、中国对外贸易等 ③商务英语（国际金融） 经济学原理、当代商业概论、国际商法、会计学原理、货币银行学、国际金融、商业银行管理等 ④商务英语（国际经济法） 民法、商法、民事诉讼法、国际经济法、WTO导论、法律英语、当代商业概论、国际贸易实务等
	大连外国语大学： 微观经济学（英）、宏观经济学（英）、国际商法（英）、会计学原理、市场营销（英）、国际贸易宴务（英）、商务谈判、国际商务礼仪（英）、国际金融（英）、外贸函电（英）、经济数学、货币银行学（英）、商务沟通（英）、跨国公司管理（英）、国际商务导论、电子商务、国际结算（英）

对比之下，理工类院校和师范类院校在特色课程设置方面还存在不足。如河南科技大学未能结合自身的理工优势学科，开设如“外贸管理信息系统EDI”、“数据库管理及应用”、“统计学”或“商务统计学”等课程。闽

南师范大学没有要求学生选修“管理学”和“经济学”课程，提供学生选择的商务课程较少。在为数不多的商务课程中，还有几门是旅游英语、管理英语、广告英语、金融英语、会展英语等，修完这类课程的学分对提高学生商务知识和技能帮助不大。为了实现其专业的特色化，该校应该充分结合其自身师范类院校的背景优势，开设“应用语言学与英语教学相关课程”。高校实现商务英语课程设置的特色化，既有利于提高学生的相对竞争力，又有利于高校扬长避短，依托自身优势学科提高商务英语教学质量。值得注意的是，高校商务英语课程设置特色化的前提是要保证标准化，如商务英语课程设置中必须有“经济学”、“管理学”、“商务英语专业导论”、“中国文化概论”或“中西文化比较”等课程，因为该类课程与商务英语专业培养目标是相辅相成的。

5.4.4　关于课程地方化的分析

结合表5.9，从商务英语课程地方化角度进行分析，东部经济地带高校课程学分安排与市场需求接轨，课程学分分配比较合理。如对外经济贸易大学、北京林业大学、广东外语外贸大学、暨南大学、广东外语外贸大学南国商学院、浙江工商大学等高校，能够结合当地的区域经济特点和市场需求进行课程设置（详见表5.9中划线的课程）。而同处东部经济地带的闽南师范大学、大连外国语大学缺乏本土化的课程设计。大连作为中国东部沿海重要的经济贸易城市，应该在原有的贸易、金融课程的基础上，增设与当地旅游相关的课程，满足当地外向型旅游业对商务英语人才的需要。中部经济地带有些高校开设课程并未结合当地区域经济特点和市场需求，如铜陵学院、九江学院、河南科技大学等。在开设贸易、金融等专业课程外，如何开设地方特色课程，这是一个值得探索研究的问题。商务英语课程体系满意度实证分析为了验证学生对商务英语课程体系的满意度，并对课程结构的比例安排提供依据，我们随机抽取广东外语外贸大学国际商务英语学院的两个商务英语专业的学生进行调查，作为本次实证调查的样本。本次调查共回收40份问卷，由于是现场课堂发放，有效问卷率为100%；本次调查还从中随机抽取1

名受试者进行深度访谈。受试学生个人因素分布情况见表5.10。

表5.10 受试者性别、年级、所属学校类别分布

	性别		年级				所属专业方向	
	男	女	大一	大二	大三	大四	国际贸易	国际金融
人数	8	32	0	18	22	0	21	19
%	20	80	0	45	55	0	52．5	47.5

注：已剔除各观察值的缺失项。

本次调查运用SPSS20.0统计软件对数据进行了频率分析和卡方检验，以探索学生对当前商务英语课程体系的满意度，并探讨年级及变量对该满意度的影响，以下是研究发现及讨论。

根据数据对各变量的总体情况进行频率描述分析，以说明被调查各类高等院校商务英语课程设置满意度现状，同时结合问卷中受试者主观题回答及访谈，从中发现课程设置中存在的问题。以下各表是各变量的频率描述分析结果：

表5.11 商务英语课程体系中最不满意部分

		频率	百分比	有效百分比	累积百分比
有效	公共课程	8	20．0	20.0	20.0
	学科基础课	8	20．0	20.0	47.0
	专业方向课	19	47.5	47.5	87.5
	实践环节	5	12.5	12．5	100．0
	合计	40	100．0	100．0	

由表5.11可知，商务英语课程体系中最令学生不满意部分是专业方向课（47.5%）；其次是学科基础课（20%）和公共课程（20%）；最后是其他实践环节（12.5%）；在被调查样本中，没有人勾选“专业实习和毕业论文”这一选项。结合表5.12可知，导致对专业方向课不满意原因，以响应者次数从高到低依次是：“课程内容安排不合理（12）”、“实际教学方式与学生期望的教学方式存在巨大差距（12）”、“教师团队未能满足开设课程的需要（8）”、“课程结构设置不合理（7）”。

由表5.12可知，导致学生对专业方向课不满意的主要原因是“课程内容安排不合理”和“实际教学方式与学生期望的教学方式存在巨大差距”。被访者回答，课程内容安排不合理会增加学生学习难度，降低学生自信心从而影响实际教学效果。如所在学院先开设“国际金融”，再开设“货币银行学”，由于“国际金融”难度较大，在没有货币银行学相关基础的前提下，学习难度较大，学生学习这门课程缺乏自信心。关于实际教学方式与学生期望的教学方式存在较大差距的问题，可能与学生对学习商务英语专业期望值过高，或因教师未能及时了解学生实际需求相关。导致学生对公共课程不满意的主要原因是“课程设置学分学时分配不合理”，而导致学生对“学科基础课程”不满意的原因是“课程内容安排不合理”。

表5.12　商务英语课程体系不满意原因

			商英课程体系中最不满意部分				总计
			公共课程	学科基础课	专业方向课	实践环节	
不满意原因	课程结构设置不合理	计数	2	3	7	0	12
	课程内容安排不合理	计数	3	4	12	2	21
	课程设置学时学分分配不合理	计数	5	3	4	4	16
	师资团队未能满足课程开设需要	计数	0	2	8	1	11
	教学条件未能满足开设课程需要	计数	0	0	3	2	5
	实际教学方式与学生期望的教学方式存在巨大差距	计数	4	4	12	1	21
	所设课程教学效果未能及时评估	计数	1	2	3	0	6
总计		计数	8	8	19	5	40

通过排序题，对商务英语学科基础课各模块的重要性进行排序：A.语言知识与技能课程模块；B.商务知识与技能课程模块；C.跨文化交际课程模块；D.人文素养课程模块。进行统计和二次编码后，按排序前后的顺序给予权重；1→10，2→7，3→4，4→0。最后对各分值进行加总得到的顺序是：语言知识与技能课程模块（318）、商务知识与技能课程模块（261）、跨文化交际课程模块（123）、人文素养课程模块（54）。这四者比例约为1.25：1：0.4：0.8。

表5.13 商务课程与语言课程比例

		频率	百分比	有效百分比	累积百分比
有效	1:1	9	22.5	22.5	22.5
	3:7	3	7.5	7.5	30.0
	7:3	5	12.5	12.5	42.5
	4:6	3	7.5	7.5	50.0
	6:4	20	50.0	50.0	100.0
	合计	40	100.0	100.0	合计

结合表5.13发现，学生希望商务英语课程模块和语言课程模块的比例为1.5：1。结合与访谈者的回答可知，报考商务英语专业时，吸引学生兴趣的是商务课程的双语教学，大部分学生希望能教授更多的商务知识。

表5.14 商务英语课程开设现状

		响 应		个案百分比
		N	百分比	
开没现状	依托该校特色和优势进行设置	10	15.6%	25.6%
	融合语言和商务知识和技能	13	20.3%	33.3%
	结合当地区域经济特点和市场需求	9	14.1%	23.1%
	未能体现该校特色和学科优势	11	17.2%	28.2%
	课程重语言，轻商务	16	25.0%	41.0%
	与当地区域经济特点和市场需求脱节	5	7.8%	12.8%
总 计		64	100.0%	164.1%

由表5.14可知，被试者认为当前所在高校商务英语专业方向课开设重语言、轻商务为（25%）；融合语言和商务知识与技能为（20.3%）；体现该校特色和学科优势为（1 7.2%）；依托该校特色和优势为（15.6%）；结合当地经济特点为（14.1%）；与当地区域经济特点和市场需求脱节为（7.8%）。从中可以发现，被试者对商务英语专业课程开设现状看法褒贬不一，并提出课程设置没有体现地方化、特色化，商务与语言融合不紧密等问题。针对商务英语课程设置如何实现合理性（与学生能力和需求相符）、特色化（依托学校学科优势）和地方化（与当地市场需求相吻合）等问题，被试者给出以

下建议：

（1）采用中文授课英文教材方式收获会更多（大二，国际金融方向）；

（2）加强商务知识传授，大一开设一些商务类知识性课程（大二，国际贸易方向）；

（3）加强与当地市场需求吻合度（大二，国际贸易方向）；

（4）课程设置难度过高，学生在没有金融基础知识前提下，直接学习国际金融等课程，缺乏自信心，课程学习难度应该逐步递进（大三，国际金融方向）；

（5）没有突出国际商务的专业性，国际金融课程太少，语言课程过多（大三，国际金融方向）；

（6）多以广州本地案例结合理论授课（大三，国际金融方向）；

（7）增加商务知识学习容量，适当与考研挂钩（大三，国际金融方向）；

综合以上实证分析，从学生需求角度来看，增加商务类课程是学生的共同要求。我们按照商务英语国家标准的基本要求，将专业核心课程分为四大模块设置，各模块占专业课总学时的比例为：

（1）语言知识与技能课程模块为50%~60%；

（2）商务知识与技能课程模块为25%~35%；

（3）跨文化交际课程模块为5%~10%；

（4）人文素养课程模块为5%~10%。

以上是王立非教授关于<商务英语国家标准解读》提出的比例。我们认为，开设商务英语专业的语言课程和商务课程比例最大可为2.4：1，最小为1.4：1。但在不同层次、不同性质、不同区域经济的高校，如何做到实际教学中课程设置有效合理？我们将结合以上定性和定量分析，给出学科基础课各模块占专业课总学时比例，作为高校在课程设置的参考。因为上述被调查高校是一本院校，学生生源和师资队伍情况比较好，该校为华南地区唯一的集外语和外贸专业于一身的重点高校，可以依托学科优势和雄厚的商务英语

教师队伍进行实验教学。故该校的课程设置具有一定的独特性，在此仅作为参考。高校开设商务英语专业时，商务和语言课程模块比例可以进行层次化的设计，减少学生的语言课程教学，从低年级开始铺垫商务课程，商务课程和语言课程模块比例可为1.5：1，而学科基础课中两者比例可为1.25：1。具体课程结构见表5.15。

表5.15 一本院校商务英语基础课程各课程模块占专业课程比例

课程模块	学科基础课程	占专业课比例
语言知识与技能	综合商务英语、商务英语听说、商务英语阅读、商务英语写作、商务翻译等	5 0%～60%
商务知识与实践	经济学导论、管理学导论、商务统计学、当代商业概论、商法导论、国际贸易实务等	20%～30%
跨文化交际	跨文化商务交际导论、中西文化比较	5%～10%
人文素养	英美文学选读、欧美文化概论、社会学导论、中国文化通览等	5%～10%
专业实习／实践		不计人总学时
毕业论文（设计）		

以上以一本院校为例，给出各模块课程的比例安排，其他层次院校可根据自身学校的师资团队及学生生源情况，上调语言课程模块比例和下降商务课程模块比例。

5.6 关于教材评估

教材是课程内容的载体，教材质量直接关系到课程体系的整体质量。因此，教材评估也是商务英语课程体系的重要组成部分。为了能满足学生希望增设商务课程模块比重和提高课程教学效果的需求，我们对13所高校商务英语专业知识类教材使用情况，展开解释性的实证调查及回答，调查高等院校商务类教材使用效果现状，为商务英语商务类教材的评估提供一些参考和帮助。

在参考国内外学者提出教材评估标准的基础上，我们列出较为详尽的教材评价清单，包括静态质量（内容难度设置合理性）和动态使用（教材体现教学理念与专业培养目标关系）等内容。

5.6.1 关于教材的实证分析

我们对13①所高校（包括11所一类院校和2所二类院校）的商务英语专业知识类教材（以下简称商务类教材）使用效果进行调查，调查结果基于受试学生的问卷和访谈②。本次调查共回收197份问卷（由于是网上调查，无发放问卷数），剔除18份无效问卷，得有效问卷178份，有效问卷率为90%。本调查还从中随机抽取3名受试者进行深度访谈。本文运用SPSS20.0统计软件对数据③进行频率分析，以探究商务类教材使用效果现状。

实证分析（一）：受试者个人因素分布情况（见表5.16）

表5.16 受试者性别、年级、所属学校类别分布

	性别		年级				所属学校类别	
	男	女	大一	大二	大三	大四	一本	二本
人数	45	133	34	49	22	73	124	54
%	25．3	74．7	19.1	27.5	12.4	41.0	69.7	30.3

注：已剔除各个观察值的缺失项。

根据数据对商务类教材难度设置、教材体现教学理念与专业培养目标关系等各变量的总体情况进行频率描述分析，说明被调查各类高等院校商务类教材的使用现状。同时结合问卷中受试者主观题的回答及访谈，从中发现教材使用存在的问题。以下各表是各变量的频率描述分析结果。

实证分析（二）：商务类教材使用满意度（见表5.1 7）

---

① 13所高校包括广东外语外贸大学、对外经济贸易大学、上海外国语大学、闽南师范大学、暨南大学、西安外国语大学、铜陵学院、广东工业大学、九江学院、黑龙江大学，西南财经大学、扬州大学、河南科技大学。

② 本研究的测量工具是自编问卷及访谈稿。

③ 以下各表输出结果基于SPSS20.0软件的数据分析结果。

表5.17 商务类教材使用满意度

		频率	百分比	有效百分比	累积百分比
有效	不满意	1	0.6	0．6	0.6
	不太满意	8	4.5	4．5	5.1
	一般	92	51.7	51.7	56.7
	基本满意	53	29.8	29.8	86.5
	满意	24	13.5	13.5	100.0
	合计	178	100．0	100．0	

由表5.17可知，有51.7%的受试者认为目前商务类教材使用效果一般；有43.3%受试者认为目前商务类教材使用效果令人满意；有5.1%的受试者认为目前商务类教材使用效果不令人满意。其中不满意的原因主要在于：教材案例缺乏时效性，内容枯燥没有趣味性，联系实际的商务活动太少；知识框架模糊，原版教材专业术语过多不易掌握，教师未能较好运用教材；学生缺乏商务类课程的基础，与以往的研究结果（扈瑶等，2011）相吻合。

实证分析（三）：商务类教材使用与其他英语类专业区分度（见表5.18）

表5.18 商务类教材使用与其他英语类专业区分度

		频率	百分比	有效百分比	累积百分比
有效	不明显	3	1.7	1.7	1.7
	不太明显	12	6.7	6.7	8.4
	一般	37	20.8	20.8	29.2
	较明显	71	39.9	39.9	69.1
	很明显	55	30.9	30.9	100.0
	合计	178	100．0	100.0	

由表5.18可知，有70.8%的受斌者认为商务类教材与其他英语类专业（如英文专业和翻译专业等）区分度较大，这与教材本身的教学目的及专业培养目标密切相关。为了培养适合市场和国家经济发展需求，熟练掌握国际商务知识和技能的复合型人才，商务类教材的区分度还应进一步加大，从而增强商务英语专业人才的社会不可替代性。

实证分析（四）：商务类教材难度设置情况（见表5.19）

由表5.1 9可知，72.5%受试者认为所使用教材难度设置符合学生能力与需求；有6.2%的受试者认为教材偏简单；有16.9%的受试者反映教材难度过大且缺乏梯度性，这可能与教材内容设置不合理，原版引进教材难度较大有关；也可

表5.19　商务类教材难度设置情况

		频率	百分比	有效百分比	累积百分比
有效	不确定	8	4.5	4.5	4.5
	偏易	11	6.2	6.2	10.7
	偏难	30	16.9	16.9	27.5
	基本相符	108	60.7	60.7	88.2
	很相符	21	11.8	11.8	100．0
	合计	178	100．0	100．0	

能与教材使用年级、使用学校类别以及所在高校师资有关。比如，访谈者（一类院校大一的学生）谈到，就学校教学情况和自身所在年级而言，经济学导论课程教材《国际经济导论》难度过大，学生缺乏学习信心，未能真正发挥教材辅助教学的功能。

实证分析（五）：关于教材的趣味性、时代性、互补性、启发性以及教学方式与实际需求关系的比较（见表5.20）

表5.20　关于教材的趣味性、时代性、互补性、启发性

	有效百分比				
	教学方式与实际需求	趣味性	时代性	互补性	启发性
不赞成	2.2	2.2	0.6	1.7	1.7
不太赞成	6.7	7.9	7.9	7.9	5.6
一般	36.0	33.1	28.1	32.6	38.2
基本赞成	40.4	39.9	48.3	39.3	39.9
赞成	14.6	16.9	15.2	18.5	14.6
合计	100．0	100．0	100．0	100.0	100．0

由上表可知，教材所选案例和设置任务的关系比例分别为：趣味性占

56.8%，时代性占63.5%，启发性占54.5%，互补性占57.8%（教材与教学材料的关系），教学方式与学生实际需求的相符程度占55%。超过一半的受试者都表示赞成。但是，还是有接近40%的学生持有不同意见，说明教材在这几个题项上还存有需要改善的较大空间。导致受试者对教材不满意的原因主要有：教材选材与现实脱轨且内容过时；教材内容比较空泛；原理讲述过多：缺乏经典案例和启发性；教学方式未能体现培养商务技能和学生提高商务实务技能的实际需求。

实证分析（六）：教材体现的语言能力和实际能力的比较（见表5.21）

表5.21 教材体现的语言能力和实际能力的比较

		频率	百分比	有效百分比	累积百分比
有效	无明显倾向	30	16.9	16.9	16.9
	重实际能力	53	29.8	29.8	46.6
	重语言能力	48	27.0	27.0	73.6
	两者兼备	47	26.4	26.4	100.0
	合计	178	100.0	100.0	

由上表可知，比较教材体现的语言能力和实际交际能力的关系，有29.8%的受试者认为教材重实际交际能力，有27.0%的受试者认为教材重语言能力，还有（26.4%）受试者认为教材兼顾上述两者能力，比例关系比较接近。这个比例关系说明商务类教材对学生商务知识和商务技能培养各有侧重，没有出现能力培养“顾此失彼”的倾斜现象。

实证分析（七）：关于教学理念与专业培养目标相符程度（见表5.22）

表5.22 关于教材教学理念与专业培养目标相符程度

		频率	百分比	有效百分比	累积百分比
有效	不太一致	13	7.3	7.3	7.3
	一般	54	30.3	30.3	37.6
	基本一致	77	43.3	43.3	80.9
	一致	34	19.1	19.1	100．0
	合计	178	100.0	100.0	

由表5.22可知，有62.4%的受试者认为使用的商务类教材体现的教学理念与商务英语专业的培养目标基本相符，但尚需进一步完善商务类教材建设。结合问卷中的主观题可知，受试者认为教材应该体现注重实务技能培养，与专业培养目标接轨的教学理念。

本章以性别、年级、学校办学层次和高校所属区域经济地带为自变量，教材评估标准中静态质量和动态使用各维度为因变量，对不同组别的教材使用效果进行Kruskal Wallis检验，以探索商务类教材使用效果在被试者性别、年级、学校办学层次和所属区域经济地带各变量是否存在差异，并分析其背后的原因。

分析结果显示：不同性别在教材使用效果各维度上差异不显著；不同年级在教材使用满意度（$\rho=0.009$）上存在显著差异；不同办学层次院校在教材使用满意度（$\rho=0.000$）、教材区分度（$\rho=0.043$）、难度（$\rho=0.039$）、教材选用素材所具时代性（$\rho=0.041$）、教材体现教学理念与专业培养目标（$\rho=0.026$）五个维度上差异显著；不同区域经济地带在教材使用满意度（$\rho=0.000$）、教材体现教学理念和专业培养目标（$\rho=0.007$）上存在显著差异。由于篇幅所限，本章只报告差异显著的变量。

（1）不同年级在教材使用效果上的差异

表5.23 检验统计量a，b

	满意度
卡方	11.634
df	3
渐近显著性	.009

a.Kruskal Wallis检验

b.分组变量：年级

表5.24　同年级被试商务英语教材使用满意度秩均值

	年级	N	平均秩
满意度	大一	34	111.00
	大二	49	75.28
	大二	22	90.91
	大四	73	88.61
	合计	178	

由表5.23可知，在教材使用满意度（ρ=0.009）上大一、大二、大三和大四差异显著。结合表5.24，在教材使用满意度的平均秩由高至低分别为大一（秩均值=111.00）、大三（秩均值=90.91）、大四（秩均值=88.61）和大二（秩均值=75.28）。这可能与高校年级课程设置的合理性以及不同年级学生对教材需求不同相关。

（2）不同学校层次在教材使用效果上的差异

表5.25　检验统计量a，b

	满意度	区分度	难度	时代性	教学理念与培养目标
卡方	28.578	4.089	4.262	4.172	4.927
df	1	1	1		1
渐进显著性	0.000	0.043	0.039	0.041	0.026

a.Kruskal Wallis 检验

b.分组变量：学校层次

表5.26　不同学校层次被试教材使用满意度秩均值

	学校层次	N	平均秩
满意度	一本	124	101. 94
	二本	5.1	60. 94
区分度	一本	124	94. 38
	二本	54	78. 29
难度	一本	124	9.1. 12
	二本	5：1	78. 90
时代性	一本	124	94. 33
	二本	54	78. 41
教学理念与专业培养目标	一本	124	94. 82
	二本	54	77. 29

由表5.25可知，在教材使用满意度（ρ=0.000）、区分度（ρ=0.043）、难度（ρ=0.039）、时代性（ρ=0.041）和教学理念和培养目标（ρ=0.026）上，一类、二类院校差异显著。结合表0.26.Kruskal Wallis检验中秩的输出结果可知，一类院校在教材使用满意度（秩均值=101.94）上比二类院校（秩均值=60.94）高，其他各维度一本院校都较二本院校有较高的秩。这可能与一本院校商务英语学科与专业建设起步较早、可获取的商务英语教学资源更多、师资队伍建设更完善、招收生源基础较好相关。

（3）不同区域的高校在教材使用效果上的差异

表5.27　检验统计量a，b

	满意度	教学理念与专业培养目标
卡方	13.480	7.248
df	1	1
渐近显著性	．000	0．007

表5. 28　不同区域经济被试教材使用满意度秩均值

	区域经济	N	平均秩
满意度	东部	118	98. 73
	中部	60	71. 35
教学理念与专业培养目标	东部	118	96．47
	中部	60	75.79

由表5.27可知，东部和中部高校在教材使用满意度（ρ=0.000）和教学理念以及专业培养目标（ρ=0.007）维度方面存在显著性差异。结合表5.28，在教材使用满意度的平均秩由高至低分别为东部（秩均值=98.73）、中部（秩均值=71.35）。教学理念和专业培养目标的平均秩由高至低分别为东部（秩均值=96.47）、中部（秩均值=75.79），这与东部较中部地区经济资源、教育资源相对优越相关。

5.6.2　结论与建议

作为商务英语学习和研究的载体，商务英语教材对于学科发展、课程体系的研究均起着非常重要的作用（扈珺等，2011）。本章基于教材的静态质量和动态使用两个维度对全国13所高等院校商务专业知识类教材使用情况，展开描述性的实证调查，以期为中国商务英语商务类教材选择、应用和评估提供一定的参考。目前商务类教材使用效果总体上令人满意，但仍然有许多急需改进的问题，主要存在如下问题：教学资源缺乏导致教材未能“物尽其用”；教材难度设置与学生年级课程设置不匹配。据此，提出以下建议：

（1）完善商务类教材的配套教学资源，弥补学科教学资源缺乏的问题，如光盘、补充练习和案例分析手册等，改善商务类教材的使用效果。

（2）提高教材在学校类别、所在高校师资水平存有差异情况下的使用效果。不同层次的高校应该在学生反馈意见的基础上选择商务类教材。生源较好的一本院校可以选择原版引进的商科教材，依托自身的学科优势和当地区域经济特点进行教材配备，从而更好地为专业课程体系服务；二本院校利用自身学科优势适当引进原版教材，同时配备适当的中文教材；三本院校的商务类教材应该植入满足当地市场需求的商务技能课程内容。

（3）建立合理的商务类教材评估体系，及时发现学生需求并调整年级课程设置，从而提高教材的适用性。

5.7 小结

本章从层次化、地方化和特色化的角度，对本科商务英语专业的培养目标、课程体系和教材建设展开深入调查分析，现就这三个方面提出以下看法。

5.7.1 关于培养目标、课程体系和教材建设的层次化

5.7.1.1 各层次高校应该体现出培养目标的层次化特点

不同层次本科院校在培养目标，特别是就业去向中没有体现出层次化。不同层次的高校应该根据自身学校层次和市场需要设定商务英语人才培养目标，通过培养目标的定位设计，以不同的层次化培养目标，实现不同层次本

科院校课程设置和教材建设的层次化。

5.7.1.2　各层次高校应该体现课程体系层次化的特点

不同层次的高校在商务英语课程体系方面即有相似之处又存有差异性。相同之处在于，所有层次高校的商务英语课程体系都由以下5个部分组成：公共课/通识课程、学科基础课、专业方向课、专业实习与毕业论文以及其他实践教学环节。另外，二本和三本院校各部分学分分配基本相似。

不同层次高校课程体系也体现了明显的差异化。一本院校学科基础课相对多样化，学分分配差距较大；三本院校学生修的实践学分较之一本和二本院校学分较高，这种差异性与该层次院校培养实用型人才定位相符。

以一本院校为例展开的课程体系调研发现，商务英语各课程模块在学科基础课中的分配比例分比为：英语知识与技能（35%～40%）、商务知识与技能（40%～50%）、跨文化交际（5%～10%）和人文素养模块（5%～10%）。在此比例的基础上，其他层次高校可以根据自身的师资团队水平、教材建设情况和学生生源进行各介课程模块比例的弹性化变动。

5.7.1.3　各层次高校教材使用体现了较为明显的层次化

基于商务英语中商务类课程的实证调研发现，在教材使用满意度（$\rho=0.000$）、区分度（$\rho=0.043$）、难度（$\rho=0.039$）、时代性（$\rho=0.041$）和教学理念和培养目标（$\rho=0.026$）上，一类、二类院校教材使用满意度差异显著。一类院校在教材使用满意度的维度远远高于二类院校，其他各维度一本院校也都较二本院校有较高的秩。这与一类院校商务英语学科与专业建设起步较早、可获取的商务英语教学资源更多、师资队伍建设更完善、招收生源基础较好相关。

5.7.2　关于培养目标、课程体系和教材建设的地方化

（1）被调研高校商务英语专业培养目标地方化不明显。

（2）东部经济地带的高校商务英语专业课程体系，在课程学分安排和课程结构内容方面做得较好；中部经济地带的高校在设计商务英语课程体系时，未能结合当地区域经济特点与市场需求，还是在模仿东部地区商务英语

专业的高校进行课程设置。

（3）结合教材使用满意度调研发现，东部地区高校所选商务类教材，在教材使用满意度、教学理念和专业培养目标相符程度方面，比中部地区高校认可度要高。

中部地区高校在设计课程体系和选用配套教材时，要开设为当地经济服务的课程，培养适应当地市场需求的商务英语人才。避免出现培养的学生不能满足当地市场需求，又要前往东部经济地区就业的重复培养的困境。

5.7.3 关于培养目标、课程体系和教材建设的特色化

依托高校的学科优势和资源设计课程体系，部分高校体现出较为明显的培养目标和课程体系的特色化（如表5.6），如实证调查中的西南财经大学、西安外国语大学、暨南大学和黑龙江大学等，并在教材使用满意度和区分度上凸显自身优势。有69.5%的学生认为使用的商务类教材较为满意，73.9%的学生认为使用教材与其他英语类教材区分度高。结合表5.17和表5.18可知，依托学科优势和资源进行培养目标和课程设置的高校，教材的使用满意度也远远高于其他高校。

5.7.4 商务英语课程体系设置的基本原则

商务英语由于学校层次、学校门类、所在区域的差异，应该在培养目标、课程设置和教材建设等方面，体现出层次化、地方化和特色化的特点。这是符合本科院校商务英语专业发展规律的必由之路。但由于多种原因而出现的发展不平衡的现状，这也是商务英语专业快速发展过程中的必然现象。在坚持商务英语专业基本发展方向（标准）的前提下，我们提出构建商务英语课程体系应该遵循的四个原则，作为各个本科院校设计商务英语课程体系的参考：即资源优化配置原则、多维度匹配原则、弹性化原则和动态完善原则。

（1）资源优化配置原则。依托高校自身学科资源和办学优势，科学定位专业培养目标，合理设置课程和进行教材建设。构建既符合本土化的需

求，又与国际接轨的商务英语课程体系。

（2）多维度匹配原则。多维度匹配主要体现在：高校培养的人才与国家需要相匹配；专业培养目标与课程设置相匹配；专业培养目标与学校办学层次/定位相匹配；课程体系与当地经济特点相匹配；教材建设与课程体系相匹配；课程体系与学生需求和能力培养相匹配。

（3）弹性化原则。弹性化原则主要体现在课程体系内容结构和学分学时的安排设计。主要表现在学科基础课程中语言课程和商务课程比例的弹性化。一本院校的商务课程比例可达50%，而二本、三本院校最高不应该超过35%；一本院校语言课程比例最低可为35%，二本、三本院校不可低于50%。

（4）动态完善原则。在实际教学过程中，评估学生对课程体系和教材使用的满意度。根据市场需求的变化，修正完善专业培养目标。在教学实践中，逐步建构一个科学合理的商务英语课程体系。